edaf

EL
ARTE
DE LA
POLÍTICA

EL HÉROE & EL POLÍTICO

Diseño de cubierta e interiores: Manuel García Pallarés
🖸 designmanuelpallares

Editorial Edaf, S.L.U.
Jorge Juan, 68. 28009 Madrid
Tel. (34) 91 435 82 60
http://www.edaf.net
edaf@edaf.net

Algaba Ediciones, S. A. C.V.
Calle 21, Poniente 3323, entre la 33 sur y la 35 sur
Colonia Belisario Domínguez, Puebla 72180, México
Telf.: +52 22 22 11 13 87
jaime.breton@edaf.com.mx

Ediciones y Distribuciones Edaf, SRL
Calle Chile, 2222, PB
1227- Buenos Aires (Argentina)
Telf: +54 11 4308 52 22/+54 11 6784 95 16
fernando@edafarg.net

Edaf Chile, S. A.
Huérfanos, 1178, Oficina 501,
Santiago, Chile
Tel. +56 9 4468 0539 +56 9 4468 0537
comercialedafchile@edafchile.cl

Noviembre de 2025
ISBN: 978-84-414-4464-5
Depósito legal: M-21839-2025

Impreso en España / Printed in Spain
Gráficas Cofás. Pol. Ind. Prado Regordoño. Móstoles (Madrid)
Papel 100 % procedente de bosques gestionados de acuerdo con criterios de sostenibilidad

EL
ARTE
DE LA
POLÍTICA

EL HÉROE & EL POLÍTICO

Baltasar Gracián

Prólogo y notas de Agustín Izquierdo

MADRID — MÉXICO — BUENOS AIRES — SANTIAGO
2025

Índice

EL HÉROE

EL POLÍTICO

Prólogo

La obra de Gracián sigue seduciendo al lector moderno tanto por su estilo, concisión y claridad, como por la utilidad que muestran sus pensamientos para el hombre que se desenvuelve en una sociedad moderna como la nuestra. La parte más apreciada de la obra del jesuita aragonés es, sin duda, aquella que versa sobre la sabiduría práctica o el arte de vivir, es decir, una serie de normas y reflexiones que nos ayudan a conducirnos en la vida social. A pesar de la vigencia de la utilidad de las sentencias de Gracián, su pensamiento bebe en fuentes antiguas, sobre todo en la tradición estoica de los escritos de Séneca o Epicteto, en los que se recomienda principalmente el dominio de sí, la autonomía, porque constituye la marca del sabio, lo que le puede asegurar, en ciertas condiciones, la felicidad. Pero Gracián no es hombre que pertenezca al mundo antiguo sino al moderno, y lo que lleva a cabo en su obra es la asimilación y los perfeccionamientos de los mecanismos psicológicos desarrollados por la sabiduría antigua y cuyo fin es llevar una vida más tranquila y feliz, de donde hayan desaparecido los sentimientos desagradables, no por los hechos que nos puedan suceder, sino más bien por el dominio que ejerza nuestra conciencia sobre ellos. Esta sabiduría, a cuya perfección lleva Gracián, se inserta en un tipo de vida que ha introducido el hombre moderno: la vida cortesana, cuyos principios permanecen de alguna manera en nuestro estilo actual de vida.

Una gran parte de sus escritos está consagrada a elaborar y ofrecer un arte de vivir que nos permita desenvolvernos en sociedad, donde nos enfrentamos unos a otros para conseguir los recursos que nos permiten mantener la vida entre los demás hombres. Por esto, desde un punto de vista individual, el arte de vivir es una especie de razón de estado individual que nos descubre las reglas adecuadas para conservar nuestro ser en la sociedad. Para ello, Gracián ve muy útil ocultar tanto lo que pensamos como lo que queremos: es el juego de la simulación y el disimulo, del ocultar y el aparecer, lo que ayuda a aumentar nuestro ser y nuestro estado.

El héroe

La primera obra escrita por el jesuita aragonés fue *El héroe*, publicada en el año 1637 en Huesca y firmada con el nombre de su hermano, como casi todas las que sacó a la luz posteriormente. Antes de publicar su primer libro, Gracián se había educado en diversos colegios de los jesuitas, en cuya compañía ingresó como novicio en Tarragona a la edad de dieciocho años. En esta primera obra, el autor de *El discreto* pretende ofrecer las normas de vida que hacen posible el nacimiento del héroe, el hombre extraordinario, el hombre fuera de lo común: «Emprendo formar con un libro enano un varón gigante». Según se desprende de su primera redacción, la obra iba destinada al rey Felipe IV, pero en su redacción definitiva ese varón máximo, objetivo del libro, «no es por naturaleza rey», como indica en la nota al lector. En esa misma nota resume Gracián todos los aspectos que componen al hombre superior: prudente, sagaz, belicoso, filósofo, político y cortesano, es decir, es un hombre hecho de sabiduría práctica que entra en competencia con los demás con medios políticos. Para este hombre están escritas las reglas del arte del saber vivir de las que consta *El héroe*. La obra viene a ser, por tanto, una especie de guía para aquel que quiera alcanzar la excelencia en un medio cortesano y político, donde la violencia y el fragor de las armas han dejado lugar a una lucha psicológica entre caracteres que se camuflan, por un lado, e intentan penetrar, por otro, en el espíritu de los demás, que, por lo demás, es guardado a modo de fortaleza. La batalla no se desarrolla ahora en el campo abierto, sino en los salones de la corte; la munición no son balas ni pólvora, sino la penetración psicológica; la defensa no son las armaduras sino el disimulo, y la fortaleza que hay que tomar no es el castillo que cuelga de un risco, sino la mente del hombre civilizado que merodea junto a los otros por los centros de poder. Es la descripción del hombre y del héroe modernos, cuyas armas psicológicas son excepcionales para vencer. La escritura de Gracián es un modo más de escritura en que los hombres entran en la modernidad, como *Don Quijote* o las *Meditaciones metafísicas*. Ya no tiene sentido luchar con armas, ni investigar el mundo que nos rodea: es la propia mente el objeto que centra la atención, como la mente es el objetivo que hay que tomar para vencer a los demás. Para ello, todas las armas psicológicas que el hombre ha ido desarrollando desde que vive en sociedad se convierten en el principal arsenal, en la lucha de unos contra otros: la prudencia de los estoicos, la sagacidad, la sabiduría de Aristóteles, la política, el dominio de sí y del cuerpo, la capacidad de reprimir los deseos, la de no verse afectado, de contener las emociones, de calcular y retardar la acción... Todo se va a reunir y se va a convertir en instrumento para la lucha. Es el hombre que por fin ha conseguido dominarse por la razón el que va a poner en juego todas su psicología, que es el resultado de un ejercicio consciente y continuado sobre sí. Es un trabajo sobre uno mismo, no para alcanzar un estado de perfección, sino para sobrevivir a los demás.

Si por razón de estado se entiende los medios para obtener, mantener y aumentar el poder, la «razón de estado de ti mismo», el tema de *El héroe*, consiste en los medios para desenvolverse dentro de la sociedad, de manera que le permita lograr una posición preponderante dentro del grupo social al que pertenece, es decir, obtener el éxito. Se trata, por tanto, de las relaciones de poder que mantienen los individuos dentro del grupo social en el que se mueven. Y la excelencia es lo que les permite alcanzar y mantener el status más elevado. Como una ayuda para ello, Gracián compone los veinte primores de *El héroe*: «como una brújula de marear a la excelencia». De esta manera, la lectura de los primores se revela como un ejercicio eminentemente práctico, como un asidero para moverse con más seguridad en un mundo donde más vale ver, oír y callar, y a veces observar sin ser visto. Así, la primera regla, que nos puede conducir a una posición de primer orden recomienda que nunca se debe dar a conocer la propia capacidad a los demás. Hay que mostrarse, sin duda, pero nunca exponer a la luz cuáles son los límites de la personalidad, las fuerza de las capacidades que se poseen. Esta regla, en la que se anima a mantener oculta la constitución propia, viene complementada por la segunda, que consiste en dejar fuera de la vista de los demás nuestros afectos, nuestros deseos. Si se quiere jugar con ventaja con relación a los demás, es necesario que nadie conozca cuáles son realmente los designios propios, solo así se llegará a la excelencia.

Frente a la ocultación de sus límites y de sus afectos, el héroe debe, sin embargo, tener un entendimiento superior que le permita penetrar en el universo mental del otro, asaltar su fortaleza espiritual. En el juego con los demás, en el que nos disputamos la preeminencia y la primacía, para superar a los otros jugadores, es necesario, por tanto, mostrarse impenetrable, pero también hay que ser capaz de desvelar los deseos de los que nos rodean. Esta superioridad psicológica, consistente en conocer sin ser conocido, es lo que proporciona el lugar de privilegio al héroe frente a los demás. El ocultamiento de la voluntad muestra su necesidad desde el momento en que se reconoce que ella es el camino que accede al «ser» de los otros, de modo que a partir de ella se hace posible calcular con certeza la capacidad de nuestros adversarios: mostrar un afecto es «abrirle un portillo a la fortaleza del caudal».

Gracián reconoce, sin embargo, que todo este virtuosismo psicológico necesita su ejercicio y su entrenamiento, pero también una base innata en el candidato a héroe; es decir, para dominar el arte de cifrarse a sí mismo y descifrar a los demás, hay que poseer el entendimiento, la base tanto del juicio como de la agudeza. Este es el equipaje con el que todo hombre que quiera alcanzar la excelencia debe venir al mundo. El héroe debe, sin embargo, desarrollar las virtudes o prendas que componen su extraordinaria máquina mediante la práctica, pues, como repite en numerosas ocasiones, el hombre no nace totalmente hecho, sino que mediante la educación y las reglas del arte de saber vivir se va desarrollando hasta llegar a la perfección; en este caso, a su condición de héroe consumado.

La teoría política de la época

Durante los siglos XVI y XVII hubo en España una abundante producción de escritos sobre política, debido fundamentalmente a que en ese periodo llegó a crearse un gran poder político en nuestro país: la monarquía hispánica, que necesitaba ser acompañada de reflexión y fundamento teórico. Uno de los puntos de referencia de todos estos tratados era, sin embargo, una obra publicada en Italia y que iniciaba una nueva forma de pensar la política: *El Príncipe* de Maquiavelo. En este libro, cuya finalidad es animar a crear un gran poder nacional en Italia, se trata de los medios de adquirir, conservar y aumentar el poder, lo que se conocía con el nombre de «razón de estado».

La discusión giró en torno a la absoluta autonomía que Maquiavelo parecía haber otorgado a la política con relación a la moral y sobre todo a la religión, que en alguna ocasión es considerada por el pensador florentino un mero instrumento para alcanzar una mayor cohesión social dentro de una comunidad política; algo que fue ostentosamente rechazado por algunos defensores de la monarquía hispánica, sobre todo si se consideraba que esta monarquía tenía como principal función extender y aumentar la religión cristiana por el mundo, como en efecto hizo.

En el siglo XVI la reflexión política estuvo dominada por la tradición escolástica, de manera que los problemas planteados, como los que se derivaban de la conquista de América, se trataban desde un punto de vista teológico, pero una vez que la obra de Maquiavelo se hubo introducido en la península, la discusión se volvió sobre todo hacia la noción de «razón de estado», cuyo sentido fue tratado por el autor de *El Príncipe*, aunque el término fue acuñado por Botero. Los autores españoles trataban de definir una razón de Estado que se distinguiera claramente del concepto maquiavélico, pues ya se ha visto que en este autor la religión y la moral están supeditadas a la política, al interés del Estado, que se constituye en la justificación última de la acción del gobernante. Sin embargo, los autores españoles no se enfrentaban a la noción de «razón de estado» en sí; al contrario, conscientes de pertenecer a la nación más poderosa de la modernidad, estaban interesados en identificar los medios que hicieran posible el aumento de poder de la monarquía o, al menos, los que detuvieran las causas de su disminución. Siendo la monarquía hispánica el mayor poder secular, en el que se asentaba el mayor poder espiritual de Europa, los escritores políticos españoles no podían admitir las tesis ni del pensador de Florencia ni de Juan

Bodino, pues ambos representaban la irreligiosidad, la amoralidad; aunque a veces aquello contra lo que luchaban estos escritores no era precisamente el «auténtico» Maquiavelo o el «auténtico» Bodino, sino más bien una interpretación que exageraba algunas posiciones originales. En cualquier caso, los teóricos políticos españoles, inspirados en algunos casos por Botero, tratan de construir el concepto de razón de Estado teniendo en su mente cierta lectura de la doctrina de Maquiavelo como el enemigo que hay que derrotar, levantando sobre su crítica el concepto de buena razón de Estado frente a mala razón de Estado. Entre los teóricos de la monarquía hispánica cabe destacar a Rivadeneyra (1527-1611), un jesuita que escribió el *Tratado de la religión y virtudes que debe tener el príncipe cristiano para gobernar y conservar sus estados, contra lo que Nicolás Maquiavelo y los políticos de ese tiempo enseñan*, y a Diego de Saavedra Fajardo, diplomático y autor de *Idea de un príncipe cristiano representada en cien empresas*. Estos y otros muchos se declaran abiertamente antimaquiavelistas: llegan a identificar la razón de estado con la razón del diablo, y fundamentan el gobierno en la religión, el único bien hacia el que se tiende por sí mismo, es decir, el bien supremo. Todos atacan a Maquiavelo, pero muchos de ellos recogen alguna idea política suya, pues tratando de la conservación o del aumento de poder, fuera cristiano o no, Maquiavelo escribió sentencias útiles para ello. Otros pensadores, más alarmados por los signos de debilidad que venía mostrando la monarquía hispánica, tratan de dejar a un lado la polémica contra Maquiavelo y centran su atención en la construcción de la teoría política, no fundada en la veneración de dios, sino en la experiencia, por lo que, prohibido Maquiavelo, buscan la fuente de esta tarea en Tácito, un autor clásico que lee los hechos históricos para extraer conclusiones prácticas y morales. De la lectura de la historia, trataban, los llamados tacitistas, de buscar soluciones que resolvieran los problemas tanto políticos como económicos que aquejaban al imperio de España. Entre los tacitistas cabe destacar a Antonio Pérez y a Álvarez Barrientos, que ante los signos de decadencia proponen no prestar atención al providencialismo, sino a las cuestiones económicas y políticas propiamente dichas, para tratar de superar una situación que, como se vio posteriormente, fue agravándose con el paso del tiempo. Siguió habiendo, sin embargo, escritos cuyo único empeño siguió siendo la fundamentación religiosa del poder, sin importarles demasiado los medios que pudieran evitar el declive del poder hispánico; son los llamados antitacitistas.

De todos los autores españoles que escribieron tratados políticos en la Edad de Oro, el que alcanzó mayor difusión, tanto dentro como fuera de nuestro país, fue Baltasar Gracián, cuya fama se extiende hasta nuestros días.

El político

Sin embargo, de toda su obra solo hay un tratado consagrado a la reflexión política en sentido estricto: *El político, don Fernando el Católico*. En la obra que nos ocupa, Gracián no trata ya sobre la razón de estado de uno mismo, sino sobre la razón de Estado, es decir, de los medios, técnicas y prácticas que conducen a adquirir, a conservar y a aumentar el poder político.

Gracián no duda en atacar a Maquiavelo por su falta de consideración hacia la religión y la moral. Los ataques a este autor se habían convertido en una garantía para el escritor de que ponía por encima de todo la moral y la religión y, con ello, evitaba la censura de las autoridades civiles y eclesiásticas. Así, se puede leer en el *Criticón*: «¿Quién piensas tú que es este valiente embustero? Este es un falso político llamado el Maquiavelo, que quiere dar a beber sus falsos aforismos a los ignorantes. ¿No ves cómo ellos se lo tragan, pareciéndoles muy plausibles y verdaderos? Y, bien examinados, no son otro que una confitada inmundicia de vicios y de pecados: razones, no de Estado, sino de establo.» Pero el hecho de alinearse en el batallón que lanza su pólvora contra el maquiavelismo no debe empujarnos a pensar que Gracián sea sin más un antimaquiavelista, pues en ciertos aspectos, más que oponerse, guarda una relación de parentesco, como en su defensa del disimulo y en su valoración sobre la consecución de los fines. Leemos en el *Oráculo manual*: «El que vence no necesita dar satisfacciones. No perciben los más la puntualidad de las circunstancias, sino los buenos o los ruines sucesos; y así nunca se pierde reputación cuando se consigue el intento. Todo lo dora un buen fin, aunque lo desmientan los desaciertos de los medios» (*Oráculo manual*, 66). Gracián puede estar más o menos cerca del pensador florentino, y se aproxima más, no cuando habla de la idealidad del hombre, sino cuando quiere describirlo tal como lo percibe. Cuando Gracián se sumerge en el naturalismo, su pluma se vuelve más sombría al describirnos lo que sucede y no lo que no debería pasar. Estas concordancias y diferencias entre ambos escritores se han interpretado de varias maneras; en cualquier caso las semejanzas no significan una merma de la originalidad y genialidad de Gracián, sino el hecho de que Gracián escribe con un trasfondo cultural en parte común al de Maquiavelo.

Además, en sus primeras obras, como *El héroe* y *El político*, Gracián está más impulsado por el entusiasmo por el hombre de excepción que por el realismo del hombre discreto, por lo que el carácter tenebroso que pueden adquirir algunos pasajes de su obra posterior, en estas apenas se percibe. Gracián pretende mostrar el modelo de príncipe mediante la enumeración de los rasgos que lo componen y además propone a un príncipe que ha existido en la realidad como arquetipo y gran maestro del arte de gobernar: el rey Fernando el Católico, fundador de la monarquía hispánica y de la mayor monarquía hasta entonces conocida, tanto «en religión, gobierno, en valor, estados y riquezas». Esta opinión era relativamente común y en cierto modo se correspondía con los hechos, pues hasta entonces ningún monarca había conseguido tener bajo su dominio tantos territorios, distribuidos en varios continentes. Una vez que ha establecido cuál es el objetivo de la obra, describir el príncipe perfecto, Gracián va a ir enumerando y mostrando los rasgos que lo definen, ayudándose de múltiples ejemplos históricos, tomando la historia como modelo en el que es posible reflejarse en momentos presentes al pensar que los acontecimientos se desarrollan de un mismo modo en el devenir histórico.

Al afirmar, por un lado, que las principales virtudes de los grandes fundadores son «favores del celestial destino»,

Gracián sostiene, por otro lado, que es la virtud del valor la que se encuentra en el origen de todo fundador de imperios; es esta virtud la que hace posible el nacimiento de un gran poder, mientras que la prudencia es la excelencia que permite mantenerlo. Por esto, se pueden encontrar a lo largo de la historia imperios que emergieron gracias a un gran valor, pero que carecieron de una prudencia que los mantuviera, como fue el caso de Alejandro o de Tamarlán. Por tanto, solo el valor no es suficiente para la creación de un estado poderoso, ya que esta virtud no garantiza su continuidad, «es solo un principio imperfecto», de donde no puede emerger un auténtico imperio. En la fundación del imperio, Gracián insiste ya en la conjunción necesaria de virtud y fortuna para alcanzar los fines, pues para que sean efectivas la fortaleza, la prudencia y la astucia de un fundador es necesario que se sirvan de la ocasión, es decir, han de tener una oportunidad para poder ser aplicadas; de otro modo, esas virtudes quedarán ocultas y no podrán nunca lograr resultado alguno. Naturalmente, si es el rey Fernando el gobernante propuesto como modelo, este monarca ha de tener en grado máximo las virtudes que hacen posible el poder, así como la oportunidad de ejercerlas. Fernando el Católico es el hombre que hasta entonces había logrado crear el mayor imperio, al unir varias coronas y añadirles un nuevo mundo que acababa de ser descubierto.

Otro asunto que trata nuestro autor es el que se refiere al origen de los reyes, es decir, la familia a que pertenecen y la educación recibida. La educación ha de ser de la misma calidad que aquella con la que se quiere que salga el futuro rey. Si se quiere obtener un rey heroico, es necesario darle una educación igualmente heroica, donde prevalezca la fortaleza. Por esto, el futuro rey heroico ha de pasar por situaciones difíciles en su educación para poder gobernar después con valor. El arte de gobernar es el más difícil de aprender, por lo que es necesario prepararse para el buen gobierno y comenzar a ejercer con arte y experiencia. La clave de un buen reinado está en «arrancar» y en «acertar en encarrilarlo». Las dificultades y obstáculos que se pueden encontrar en el camino son grandes e innumerables y toda atención, sagacidad y prudencia son pocas. En cada edad, según Gracián, predomina una clase de virtud; así en la juventud hay más vigor que en las etapas finales y la virtud predominante es el valor. En las etapas posteriores, por el contrario, la virtud que domina es la prudencia. Los reinos, al igual que las personas, están también sometidos a diferentes fases de vigor o decaimiento, según la medida de virtud que hay en ellos; a veces, se van encadenando príncipes gloriosos, y en otras ocasiones, monarcas carentes de virtudes: los reinos y las dinastías tienen su vida propia, que depende de los príncipes que gobiernen en cada momento. En cualquier caso, si en la fundación de un imperio es necesaria una cantidad de fuerza extraordinaria, ambas virtudes, el valor y la prudencia, han de estar siempre presentes en distinta proporción. Por tanto, lo que una educación ha de proporcionar a un príncipe es la oportunidad de desarrollar las virtudes necesarias para el gobierno, debe enseñarle a ser fuerte y prudente. Fernando el Católico alcanzó la cima de la grandeza y el poder. A un pequeño reino recibido en herencia fue añadiendo reinos nuevos: Castilla, la monarquía de España y la universal de ambos mundos; mientras reinó, su poder creció sin cesar.

Virtudes del gobernante

Gracián distingue entre las virtudes del hombre y las propias de un gobernante. También la Historia nos expone en este caso una galería de príncipes en los cuales podemos distinguir aquellos que han poseído tanto las virtudes humanas como las políticas, o aquellos que solo han poseído una clase de virtudes. De aquí concluye nuestro autor que no basta la bondad para gobernar y que es posible ser un gran político al tiempo que carecer de las virtudes del hombre, como es el caso de Alejandro y César. En estas opiniones que separan unas virtudes de otras, se puede observar una autonomía de la actividad política, en la medida en que esta depende de unas disposiciones propias que están separadas de las que pertenecen al hombre en cuanto hombre, sin referencia a su capacidad de mandar. La política tiene, por tanto, una virtud propia, es el arte de gobernar al que, a veces, poco ayuda tener otras capacidades o excelencias, pues de nada sirven estas si no se tiene la virtud propia de gobernar. El arte de reinar muestra así su carácter específico y su singularidad. Hay ejemplos de gobernantes que, sobresaliendo en virtudes humanas ajenas al arte de gobernar, son considerados malos políticos, por carecer del arte propio. Así, de Alfonso X dice Gracián que de poco sirve ser un gran matemático si se carece de la capacidad propia para gobernar. Sin embargo, en la galería de políticos podemos encontrar casos peores: aquellos gobernantes que han carecido de ambas clases de virtudes, como Claudio y Carlos el Simple. Incluso llegamos a encontrar monstruos dentro de la política, pues ha habido gobernantes que no solo no han poseído cualidades humanas ni políticas, sino que además han estado llenos de vicios detestables. En el ala de los políticos monstruosos podemos observar a Nerón, o a Heliogábalo, que se hallan en las antípodas del político perfecto, que reúne tanto las virtudes humanas como las del gobernante. En cualquier caso, continúa Gracián, es mucho más fácil hallar el político imperfecto, pues para esto basta que algo le falte, mientras que para ser un príncipe perfecto es necesario poseer todas las cualidades, tanto de una clase como de otra. A pesar de algunas opiniones contrarias, el rey Fernando tuvo todos los elementos que contribuyen a la perfección, pues fue un gran caudillo, gran consejero de sí mismo, juez, gran ecónomo, máximo rey.

Gracián también trata sobre la relación entre el poder militar y el poder político y subraya que hay que evitar la confusión entre política y milicia. El papel del monarca es mucho más amplio que el de capitán. La función del monarca se extiende a todo el ámbito estatal, siendo la guerra solo una faceta más del gobierno, que es lo propio del príncipe, no la lucha. Es más, se pueden observar casos en la historia de grandes guerreros que, sin embargo, han sido malos gobernantes (Aureliano, Carlos de Borgoña): «el oficio de un rey no es ser capitán, que a mucho más se extiende». Un príncipe perfecto tiene, como se ve, muchas excelencias y dentro de su papel se espera que realice múltiples funciones, de modo que están todos los empleos en uno: cónsules, tribunos, etc.

Además de tener en sí todas las excelencias, un monarca perfecto, como el que se describe, ha de «gobernar a la ocasión», es decir, ha de adaptar su acción a la situación por la que atraviesa una monarquía en un momento dado. A veces un príncipe se adapta a una determinada situación «por naturaleza», es decir, porque su carácter está en armonía con los acontecimientos que se suceden en su reino; así un príncipe de temperamento bélico puede desenvolverse bien si su dominio se encuentra en una situación de guerra o al contrario. Sin embargo, el monarca perfecto ha de conformarse siempre a la ocasión, bien por naturaleza, bien por virtud. En general, Gracián se muestra, sin embargo, partidario de la política, de la sagacidad antes que de la fuerza, pues esta puede ser suplida por aquella: «más vale la maña que la fuerza». En ciertas ocasiones de la historia, observa Gracián, coinciden monarcas que son grandes guerreros, en otras los que son «justos, píos, religiosos», en otras, los que se pierden en los placeres, los «deliciosos y remisos», y en otras finalmente pueden coincidir en el tiempo los mejores monarcas, es decir, los políticos, cuyas acciones se distinguen por ser movidas por la prudencia. Es el monarca sabio, que no ha de confundirse con el que engaña, finge o disimula. Frente a Tiberio y al rey Luis de Francia, cuya fama de buenos gobernantes sabios se ha extendido entre los escritores de tratados de política, el autor de *El Criticón* pone al rey Fernando como el máximo exponente de político, señalando que su política fue auténticamente magistral, pues no se «resolvía en fantásticas quimeras», sino que fue útil y productiva, al conquistar numerosos reinos, y honesta, al obtener el título de católico, pues esos reinos fueron «conquistados para Dios».

Fernando el Católico

En Fernando el Católico se encuentran, entonces, la excelente razón de estado y la moralidad. Supo fundar, conservar y aumentar sus dominios como nadie hasta entonces lo había hecho, y al mismo tiempo, aumentando su poder, crecía el de la religión católica. Gracián piensa que la buena técnica del gobierno está acompañada en el caso del rey Católico por la moralidad: en él se juntan «el cielo y la tierra», que aparecen estrechamente unidos. Siendo el príncipe máximo —el mejor político que más poder ha sabido crear— es también el gran servidor de la religión, pues a medida que crece su poder aumenta su honestidad: ofrece un mayor dominio a la religión católica, al aumentar los territorios y los habitantes en su reino, nuevos súbditos que van a estar obligados a profesar esa fe, que en el caso de los territorios americanos supondrá un gran número de nuevos fieles debido a las numerosas conversiones. Maquiavelo ya había observado, en vida de Fernando, que este mandatario era el que mejor había encarnado la llamada posteriormente «razón de estado»: «de rey débil que era se ha convertido por su fama y por su gloria en el primer rey de los cristianos; y si examináis sus acciones, las encontraréis todas grandiosas y alguna extraordinaria» (*El Príncipe*, XXI). Sin embargo, su juicio sobre su servicio a la religión es completamente diferente que el de Gracián. Maquiavelo no ve en el hecho de que creara una Inquisición para mantener la pureza de la doctrina en sus dominios un medio para engrandecer la religión, sino que, como escribe un poco más abajo en el mismo capítulo, usó la religión como medio para lograr más poder, para su política: «para poder llevar a cabo más empresas mayores, se dedicó con piadosa crueldad a expulsar y vaciar su reino de marranos». La política del monarca español, sin embargo, es según Gracián un medio para alcanzar la mayor gloria de Dios. Así, une dos observaciones ya hechas con anterioridad: que Fernando el Católico era el príncipe que mayor poder había adquirido y que este poder era el mayor servicio que se había hecho a la religión católica.

Ahora bien, ¿cómo es posible este portento de eficacia política, que no se pierde en fantásticas quimeras y prescinde en lo posible de «tanta metafísica y máquina»? La respuesta es clásica dentro del pensamiento político de la época: porque «fue rey de prendas y ocasiones, cortadas estas a la medida de aquellas», es decir, porque en él se dio la conjunción de la virtud y de la fortuna. Para ser un gran príncipe, es necesario tanto el concurso de las «prendas» como de los momentos adecuados para poder ejercer esas virtudes o excelencias. De nada sirve tener toda la capacidad para gobernar si no se tiene la oportunidad para ello. Así, se podría hablar de un número considerable de personas que habrían sido grandes estadistas de haber tenido ocasión de adquirir y ejercer el poder, pero que, al no haber tenido oportunidad de ello, han permanecido en la oscuridad para siempre: su número es un misterio que nunca se podrá desvelar. En el lado opuesto están los que han tenido ocasión de ejercer el poder y han mostrado de una forma manifiesta su incapacidad, o ausencia de facultades y de saber para desarrollar una buena razón de estado. Aquí es más fácil constatar quiénes han sido estos gobernantes sin capacidad, puesto que no han permanecido en la oscuridad, y al salir a la escena pública, han podido ser observados por numerosos espectadores en su torpeza. Entre los reyes capaces que tuvieron tanto la virtud de gobernar como la ocasión de ejercer su poder se encuentran César, Ciro, Pelayo y, en el otro extremo de la galería, entre los monstruos: Galieno, Darío y Rodrigo.

Después de elaborar esta taxonomía de los príncipes que en el mundo han gobernado, Gracián acerca más la mirada al rey perfecto para analizar con más detalle las capacidades contenidas en la grandeza política de un monarca. El fundamento principal de una excelente actividad política consiste, según el autor del *Oráculo manual*, en la sabiduría, por la cual nuestro espíritu puede «abarcar, entender, comprender». Esta capacidad, dice Gracián, es puesta por la divinidad en los hombres, pero sin una educación y un ejercicio adecuado de ella permanece sin desarrollar e imperfecta, por lo que para poseerla efectivamente es necesaria la actividad del hombre. Por tanto, alcanzar la base del genio político solo es posible si la semilla está puesta por la providencia y es cuidada por los hombres; es decir, la excelencia política tiene un aspecto innato, pero también otra faceta empírica, no menos necesaria: «El don perfecto que desciende del Padre de las ilustraciones. Bien que crece con la industria y se perfecciona con la experiencia».

El arte de la prudencia

De la capacidad nacen las virtudes de la prudencia y del valor. Ahora bien, si un hombre por naturaleza o por providencia no tiene la prudencia, no es posible que llegue a ser un maestro en el arte de gobernar por mucho tiempo que se ejercite en ello. Condición necesaria para llegar a ser un maestro en el arte más difícil es, por tanto, tener la capacidad natural. Gracián piensa que la prudencia en cualquier caso es más importante que el valor para alcanzar la perfección en el arte del gobernar, mostrando una vez más su concepción de que el poder es esencialmente político y no militar, aunque no deja de notar que la fuerza es siempre necesaria: «un príncipe desarmado es un león muerto, a quien hasta las liebres le insultan». Ahora bien, esa capacidad, la prudencia, es un saber práctico, pues consiste en un saber hacer algo, un saber reinar, el saber propio de los gobernantes. Esa prudencia es la que hace posible la adquisición de nuevos dominios, sin hacer uso, a veces, de las armas.

Más adelante, Gracián trata de explicitar el significado de la prudencia, que se resuelve en la rapidez de la inteligencia y en una comprensión de las cosas previa a las decisiones que se puedan tomar. La comprensión adecuada que se requiere en la toma de decisiones gubernamentales consiste en el conocimiento de todas las facetas de un asunto, es decir, el príncipe perfecto «está en todos los puntos en uno». Además de tener una representación lo más adecuada de la realidad del imperio sobre el que ejerce su poder, puede entender a todos, en esto consiste su sagacidad. Es penetrante porque consigue descubrir la forma de los espíritus, sus intenciones e inclinaciones, el temperamento de los demás y lee en su interior; es también vivo y está atento a todo lo que pasa, sintiendo todo lo que en su reino ocurre. En esto reside la capacidad, que, desarrollada por la educación y el ejercicio del poder, hace que un príncipe pueda dominar el arte de gobernar, como Fernando el Católico, que tuvo la mayor capacidad aplicada en numerosas ocasiones.

El pequeño tratado sobre el gobierno perfecto se cierra con otras cuestiones como la relación entre la capacidad o la virtud y la práctica efectiva de la virtud para construir un rey perfecto: ambas deben llegar a su máximo grado. Asimismo, con la necesidad de que el rey lleve a cabo constantemente grandes acciones y huya de la ociosidad como fuente de la pérdida de poder, etc.

La obra de Gracián fue traducida a diversas lenguas europeas, con lo que alcanzó una gran difusión en su época que continúa teniendo en la actualidad, gracias a la gran penetración psicológica que muestran sus páginas, dejando al descubierto los mecanismos mentales con los que los hombres luchan entre ellos para alcanzar una posición ventajosa que les permita un mayor dominio sobre los demás y con ello acceder a un mayor número de recursos materiales. Sin embargo, en el caso del gobernante, estos mecanismos, aunque están orientados a lograr el máximo poder posible, no están justificados en el poder mismo, sino en el aumento de poder que posibilita unas mejores condiciones para la vida de los súbditos que viven un Estado, pues la utilidad del poder no se reduce al que gobierna sino que se extiende a los gobernados.

Agustín Izquierdo

1601   Nace Baltasar Gracián en Belmonte, hoy Bel-
       monte de Gracián (Zaragoza). Su partida de
       bautismo data del 8 de enero.

1602-1620   Su familia se traslada a Ateca (Zaragoza),
       donde reside hasta 1620, cuando se traslada
       a Calatayud (Zaragoza) y fallece su padre Fran-
       cisco Gracián Garcés. Durante algún tiempo
       Gracián se trasladó a Toledo junto a su tío
       Antonio.

1619   Baltasar Gracián ingresa en el noviciado de
       la Compañía de Jesús en Tarragona, el 30 de
       mayo. Permanece allí dos años, hasta que
       realiza sus votos perpetuos.

1621-1623   Estudia dos cursos de filosofía en el colegio
       de la Compañía en Calatayud. En este tiempo
       inició sus reflexiones sobre la ética que im-
       preganarán toda su obra.

1623-1627   Estudia cuatro cursos de teología en el cole-
       gio de Zaragoza, hasta el año 1627, fecha en
       la que recibe la ordenación sacerdotal.

1627-1630	Profesor de humanidades en el colegio de Calatayud, hasta 1630.
1630-1631	Cumple su tercer año de probación en la casa profesa de Valencia hasta el 15 de marzo de 1631.
1631-1633	Profesor de gramática y teología moral en el colegio de la Compañía en Lérida.
1633-1636	Profesor de gramática, filosofía y teología moral en Gandía (Valencia), donde permanece hasta mediados de 1636. Realiza la profesión solemne de los cuatro votos, el 25 de julio de 1635, en la iglesia de San Sebastián del colegio de los jesuitas.
1636-1639	Es destinado al colegio de la Compañía en Huesca, donde ejerce como confesor, predicador y profesor de filosofía y teología moral. Conoce a Vicencio Juan de Lastanosa que lo ayudará en sus publicaciones.
1637	Publica *El héroe* (Huesca, Juan Nogués) con el nombre de su hermano Lorenzo. No se ha conservado ningún ejemplar de esta primera edición de 1639. Reedición de *El héroe* (Madrid, Diego Díaz).
1639-1640	Gracián es nombrado confesor del duque de Nocera, virrey de Aragón y Navarra. En 1640 acompaña a Nocera a Madrid y Navarra.

1640   Publica *El político, don Fernando el Católico* (Zaragoza, Diego Dormer).

1641-1642   Gracián acompaña a Madrid a Nocera, destituido de su cargo y juzgado por su actuación en la sublevación de Cataluña.

1642   Publica *Arte de ingenio* (Madrid, Roberto Lorenzo).

1642-1644   Tras una estancia de varios meses en Zaragoza, Gracián es destinado a Tarragona como vicerrector de la casa de probación de la Compañía. Es probable que permaneciese allí durante los dos asedios de la ciudad.

1644-1645   Gracián se traslada a Valencia.

1645-1649   Gracián regresa de nuevo al Colegio de la Compañía en Huesca.

1646   Publica *El discreto* (Huesca, Juan Nogués).

1646   El 21 de noviembre participa como capellán castrense en el socorro de Lérida.

1647   Se edita el *Oráculo manual y arte de prudencia* (Huesca, Juan Nogués).

1648   Aparece *Agudeza y arte de ingenio* (Huesca, Juan Nogués).

1649   Gracián se traslada al colegio de Zaragoza,

donde ejerce como confesor y predicador y se encarga de la cátedra de Sagrada Escritura.

1651   Publica la primera parte de *El Criticón* (Zaragoza, Juan Nogués).

1652   Gracián se ocupa de la publicación de la *Predicación fructuosa*, obra póstuma del jesuita Jerónimo Continente.

1653   Aparece la segunda parte de *El Criticón* (Huesca, Juan Nogués).

1655   Publica *El Comulgatorio* (Zaragoza, Juan de Ybar), la única de sus obras que apareció con su nombre auténtico y el permiso de la Compañía de Jesús.

1657   Se edita en Madrid la tercera y última parte de *El Criticón* (Madrid, Pablo de Val).

1658   Como castigo por la aparición de esta obra, es destituido de la cátedra de Escritura, y enviado al pequeño colegio de Graus (Huesca). Pide autorización para cambiarse de orden, pero no la consigue. En abril se halla en el colegio de Tarazona como consultor y prefecto. En mayo predica en Alagón. Fallece en Tarazona el 6 de diciembre.

Bibliografía

El héroe

—Manuscrito de *El héroe* autógrafo de Baltasar Gracián (Biblioteca Nacional de Madrid. Ms. 6643.). Reproducido en: Aurora Egido (ed.), *«El héroe» de Baltasar Gracián. Edición facsímil del autógrafo y de la impresión de Madrid*, [Diego Díaz], 1639, editada por Adolphe Coster. Zaragoza, Institución Fernando el Católico, 2001.

—Diego Díaz, Madrid, 1639. (Biblioteca Nacional de Madrid, ejemplar R-13.655). Reproducción facsímil en: *El héroe* (prólogo de Aurora Egido), Zaragoza, Institución Fernando el Católico, 2001.

—Juan Blaeu, Amsterdam,1659.

—Adolphe Coster, libraire Lester, Chartres, 1911.

—Luis Esteso, editorial América, Madrid, 1918.

—Antonio Bernat Vistarini, José J. de Olañeta ediciones, Palma de Mallorca, 2001.

—*El héroe. Oráculo manual y arte de prudencia*, Antonio Bernat Vistarini y Abraham Madroñal Durán (eds.), Castalia, Madrid, 2003.

El político

—*EL POLITICO/ D. FERNANDO EL CATOLICO/ DE/ LORENZO GRACIAN./ AL EXMO SEÑOR/ Don Francisco Maria, Carafa, Castrio-/to, y Gonzaga, Duque de Nochera,/ [...]Capitan General en los Rey-/nos de Aragon, y/ Navarra. /Con Licencia, y Privile-gio./ En Zaragoça, por Diego Dormer/ Año M. D. XL*. Reproducción facsímil en: Aurora Egido, *El Político*, Zaragoza, Institución Fernando el Católico, 1985.

—Evaristo Correa Calderón, Anaya, Madrid, 1973[6].

—*El héroe. El Político. El Discreto. Oráculo manual y arte de prudencia.*, Arturo del Hoyo (ed.), Plaza y Janés (Clásicos Plaza y Janés. Biblioteca Crítica de Autores Españoles, 54), Barcelona, 1986.

Obras completas

—Evaristo Correa Calderón, Aguilar, Madrid, 1944
—Miguel Batllori y Ceferino Peralta, Atlas, Madrid, 1969.
—Emilio Blanco, Turner-Biblioteca Castro, Madrid, 1993, 2 vols.
—Luis Sánchez Laílla, introducción de Aurora Egido, Espasa-Calpe, Madrid, 2001.

Estudios

—EGIDO, A., F. Gil Encabo y J. E. Laplana (eds.), *Baltasar Gracián, IV Centenario (1601-2001). Actas I Congreso Internacional «Baltasar Gracián: pensamiento y erudición», Huesca, 23-26 de mayo de 2001*, Institución Fernando el Católico-CSIC, Zaragoza, 2004, vol. I.

—EGIDO, A., M. C. Marín Pina y L. Sánchez Laílla (eds.), *Baltasar Gracián IV Centenario (1601-2001). Actas II Congreso Internacional «Baltasar Gracián en sus obras», Zaragoza, 22-24 de noviembre de 2001*, Institución Fernando el Católico-CSIC, Zaragoza, 2004, vol. II.

—CANTARINO, E., «Bibliografía graciana (1975-1995)», *Philosophia*, nº 4, enero de 1997, Madrid. ISSN 1135-4550.

——, «Bibliografía sobre Baltasar Gracián (1996-1998)», *Contrastes*, volumen IV, 1999, Málaga, Universidad de Málaga. ISSN 1136-4076, pp. 235—244.

——, «Bibliografía sobre Baltasar Gracián (1990-2000)», *Boletín de la Fundación Federico García Lorca*, Año XIV, número 29-30 (Mayo de 2001). ISSN 0214-3771. pp. 301-326.

El héroe

Edición modernizada de *El héroe* de Baltasar Gracián, impresa en Casa de Gerónimo y Juan Baptista Verdussen, Amberes, 1669.

El heroe

Dedicatoria

A DON JUAN BAUTISTA BRESCIA

Protonotario Apostólico y Doctor en ambos Derechos

El héroe, aun más pequeño que niño, va haciendo pinos a los brazos, que en vuestra merced considero abiertos para recibirle. Si es por destino mío, confiesa con alborozo mi obligación y deuda; si por inclinación suya, descubre el buen natural que su autor le ha comunicado. Pues adornado con tantos dijes de policía[1] y prudencia, aún no le hacen armonía, hasta tener Vuestra Merced con la última mano lo perfecto. Como héroe solicita en su patrocinio lo ilustre de los de Brescia; como aprendiz de prudencia pretende ser instruido del maestro de ella. Y por salir consumado en toda facultad y ciencia, se dedica a tomar el pecho de las doctrinas que Vuestra Merced enseña: tal sazón muestra en amagar a ser grande, que es pieza de Rey El héroe, con que asegura de Vuestra Merced el cariño y el desempeño de mi oferta.

Pedro de Quesada.

---

[1] *policía*: «cortesía, buena crianza y urbanidad en el trato y costumbres (D. de A.).

Al lector

¡Qué singular te deseo! Emprendo formar con un libro enano un varón gigante, y con breves períodos, inmortales hechos. Sacar un varón máximo; esto es milagro en perfección y, ya que no por naturaleza rey, por sus prendas es ventaja.

Formáronle prudente Séneca; sagaz, Esopo; belicoso, Homero; Aristóteles, filósofo; Tácito, político; y cortesano, el Conde².

Yo, copiando algunos primores de tan grandes maestros, intento bosquejarle héroe y universalmente prodigio. Para esto forjé este espejo, manual de cristales ajenos y de yerros míos. Tal vez te lisonjeará y te avisará, tal vez en él verás o lo que ya eres o lo que deberías ser.

Aquí tendrás una, no política ni aun económica, sino una razón de Estado³ de ti mismo, una brújula de marear a la excelencia, una arte⁴ de ser ínclito con pocas reglas de discreción.

Escribo breve por tu mucho entender; corto, por mi poco pensar. Ni quiero detenerte porque pases adelante.

---

² Se refiere a Baltasar de Castiglione, autor de *El Cortesano*.

³ «reglas con que se dirigen y gobiernan las cosas pertenecientes al interés y utilidad de la república» (D. de A.).

⁴ «la facultad que prescribe reglas y preceptos para hacer rectamente las cosas» (D. de A.)

Primor I

QUE EL HÉROE PRACTIQUE
INCOMPREHENSIBILIDADES DE CAUDAL

Sea esta la primera destreza en el arte de entendidos: medir el lugar con su artificio. Gran treta es ostentarse al conocimiento, pero no a la comprehensión; cebar la expectación, pero nunca desengañarla del todo. Prometa más lo mucho, y la mejor acción deje siempre esperanzas de mayores.

Excuse a todos el varón culto sondarle el fondo a su caudal, si quiere que le veneren todos. Formidable fue un río hasta que se le halló vado, y venerado un varón hasta que se le conoció término a la capacidad; porque ignorada y presumida profundidad, siempre mantuvo con el recelo el crédito.

Culta propiedad fue llamar señorear al descubrir, alternando luego la victoria sujetos; si el que comprehende señorea, el que se recata nunca cede.

Compita la destreza del advertido en templarse con la curiosidad del atento en conocerle, que suele esta doblarse a los principios de una tentativa.

Nunca el diestro en desterrar una barra[5] remató al primer lance; vase empeñando con uno para otro, y siempre adelantándolos.

---

[5] *Tirar la barra*: «género de diversión que para ejercitar la robustez y agilidad suelen tener los mozos» (D. de A.). Todavía se practica en fiestas populares.

Ventajas son de ente infinito envidar mucho con resto de infinidad. Esta primera regla de grandeza advierte, si no el ser infinitos, a parecerlo, que no es sutileza común.

En este entender ninguno escrupuleará[6] aplausos a la cruda paradoja del sabio de Mitilene:[7] Más es la mitad que el todo, porque una mitad en alarde y otra en empeño más es que un todo declarado.

Fue jubilado en esta, como en todas las demás destrezas, aquel gran rey primero del Nuevo Mundo, último de Aragón, si no el *non plus ultra* de sus heroicos reyes.[8]

Entretenía este católico monarca, atentos siempre, a todos sus con reyes, más con las prendas de su ánimo, que cada día de nuevo brillaba, que con las nuevas coronas que ceñía.

Pero a quien deslumbró este centro de los rayos de la prudencia, gran restaurador de la monarquía goda, fue, cuando más, a su heroica consorte; después a los tahúres del palacio, sutiles a brujulear[9] el nuevo rey, desvelados a sondarle el fondo, atentos a medirle el valor.

Pero, ¡qué advertido se les permitía y detenía Fernando!, ¡qué cauto se les concedía y se les negaba! Y, al fin, los ganó.

¡Oh, varón candidato de la fama! Tú, que aspiras a la grandeza, alerta al primor. Todos te conozcan, ninguno te abarque; que con esta treta, lo moderado parecerá mucho, y lo mucho infinito, y lo infinito más.

---

6 Regateará aplausos.

7 Uno de los siete sabios de Grecia.

8 Fernando el Católico.

9 *brujulear*: «en los juegos de naipes es ir el jugador descubriendo poco a poco las cartas y por la pinta conocer de qué palo es» (D. de A.)

Cifrar la Voluntad[10]

Lega quedaría el arte si, dictando recato a los términos de la capacidad, no encargase disimulo a los ímpetus del afecto.

Está tan acreditada esta parte de sutileza, que sobre ella levantaron Tiberio y Luis[11] toda su máquina y política.

Si todo exceso en secreto lo es en caudal, sacramentar[12] una voluntad será soberanía. Son los achaques de la voluntad desmayos de la reputación, y si se declaran, muere comúnmente.

El primer esfuerzo llega a violentarlos, a disimularlos el segundo. Aquello tiene más de lo valeroso; esto, de lo astuto.

Quien se les rinde, baja de hombre a bruto; quien los reboza conserva, por lo menos en apariencias, el crédito.

Arguye eminencia de caudal penetrar toda voluntad ajena, y concluye superioridad saber celar la propia.

Lo mismo es descubrirle a un varón un afecto que abrirle un portillo a la fortaleza del caudal, pues por allí maquinan políticamente los atentos, y las más veces asaltan con triunfo. Sabidos los afectos, son sabidas las entradas y salidas de una voluntad, con señorío en ella a todas horas.

---

[10] *cifrar*: «escribir en cifra.» (D. de A.)
[11] Luis XI de Francia.
[12] *sacramentar*: en el sentido de ocultar.

Soñó dioses a muchos la inhumana gentilidad, aun no con la mitad de hazañas de Alejandro, y le negó al laureado macedón[13] el predicamento o la caterva de deidades. Al que ocupó mucho mundo, no le señaló poco cielo; pero ¿de dónde tanta escasez?, ¿cuándo tanta prodigalidad?

Asombró[14] Alejandro lo ilustre de sus proezas con lo vulgar de sus furores, y desmintiose a sí mismo, tantas veces triunfante, con rendirse a la avilantez[15] del afecto. Le sirvió poco conquistar un mundo si perdió el patrimonio de un príncipe, que es la reputación.

Es Caribdis de la excelencia la exorbitancia irascible, y Scila[16] de la reputación la demasía concupiscible.[17]

Atienda, pues, el varón excelente, primero a violentar sus pasiones; cuando menos, a solaparlas con tal destreza, que ninguna contratreta acierte a descifrar su voluntad.

Avisa este primor a ser entendidos no siéndolo, y pasa adelante a ocultar todo defecto, desmintiendo las atalayas[18] de los descuidos y deslumbrando los linces de la ajena oscuridad.

Aquella católica amazona, desde quien España no tuvo que envidiar las Cenobias, Tomiris, Semíramis y Pantasileas,[19] pudo ser oráculo de estas sutilezas. Encerrábase a pa-

13 *macedón*. macedonio. Alejandro Magno.
14 *asombró:* ensombreció
15 *avilantez*: «arrogancia con que el inferior o súbdito se atreve al príncipe o superior» (D. de A.)
16 Caribdis y Escila: monstruos marinos que limitaban el estrecho de Mesina, es decir peligros.
17 Platón divide el alma en tres partes: racional, irascible, se refiere a la voluntad, concupiscible, se refiere a los deseos corporales.
18 *desmintiendo las atalayas de los descuidos*: burlando a los centinelas que nos observan para aprovecharse de nuestros descuidos.
19 Son nombres de reinas famosas y heroicas de la antigüedad. Zenobia fue reina de Palmira. Tomiris de los masagetas. Semíramis, de Asiria y Babilonia. Pentesilea, de las amazonas.

rir en el retrete[20] más oscuro y, celando el connatural decoro, la innata majestad echaba un sello a los suspiros en su
real pecho, sin que se le oyese un ay, y un velo de tinieblas
a los desmanes del semblante. Pero quien así menudeaba en
tan excusables achaques del recato, ¡cómo que escrupulea-
ría en los del crédito!

No graduaba de necio el cardenal Madrucio[21] al que
aborta una necedad, sino al que, cometida, no sabe
ahogarla.

Accesible es el primor a un varón callado; calificada
inclinación, mejorada del arte, prenda de divinidad, si no
por naturaleza, por semejanza.

[20] *retrete*: «cuarto pequeño en la casa o habitación, destinado para
retirarse» (D. de A.).
[21] Madruzzo, obispo de Trento.

Primor III

Grandes partes se desean para un gran todo, y grandes prendas para la máquina de un héroe.

Gradúan en primer lugar los apasionados al entendimiento por origen de toda grandeza; y así como no admiten varón grande sin excesos de entendimiento, así no conocen varón excesivamente entendido sin grandeza.

Es lo mejor de lo visible el hombre, y en él el entendimiento; luego sus victorias, las mayores.

Adécuase esta capital prenda de otras dos: fondo de juicio y elevación de ingenio,[22] que forman un prodigio si se juntan.

Señaló pródigamente la filosofía dos potencias al acordarse y al entender. Súfrasele a la política con más derecho introducir división entre el juicio y el ingenio, entre la sindéresis y la agudeza.[23]

Sola esta distinción de inteligencias pasa la verdad escrupulosa, condenando tanta multiplicación de ingenios a confusión de la mente con la voluntad.

---

[22] El ingenio es la capacidad de concebir, de formar conceptos, para expresar «la correspondencia que existen entre los objetos», y la agudeza. El juicio es la facultad de juzgar adecuadamente según la razón y produce la sindéresis. Juicio e ingenio forman el entendimiento humano.

[23] *sindéresis, agudeza*, capacidad para juzgar correctamente.

Es el juicio trono de la prudencia, es el ingenio esfera de la agudeza; cuya eminencia y cuya medianía deba preferirse, es pleito ante el tribunal del gusto. Aténgome a la que así imprecaba: «Hijo, Dios te dé entendimiento del bueno».

La valentía, la prontitud, la sutileza de ingenio sol es de este mundo en cifra, si no rayo, vislumbre de divinidad. Todo héroe participó exceso de ingenio.

Son los dichos de Alejandro esplendores de sus hechos. Fue pronto César en el pensar como en el hacer.

Mas, apreciando los héroes verdaderos, equivócase en Augustino[24] lo augusto con lo agudo, y en el lauro que dio Huesca para coronar a Roma compitieron la constancia y la agudeza.

Son tan felices las prontitudes del ingenio cuan azares[25] las de la voluntad. Alas son para la grandeza, con que muchos se remontaron del centro del polvo al del sol, en lucimientos.

Dignábase tal vez el Gran Turco[26] desde un balcón antes al vulgo de un jardín que al de la plaza, prisión de la majestad y grillos del decoro. Comenzó a leer un papel que, o por burla o por desengaño de la mayor soberanía, se lo voló el viento de los ojos a las hojas. Aquí los pajes, émulos de él y de sí mismos, volaron escala abajo con alas de lisonja. Uno de ellos, Ganimedes de su ingenio[27], supo hallar atajo por el aire: se arrojó por el balcón. Voló, le cogió y subía cuando los otros bajaban; y fue subir con propiedad, y aun remon-

24 San Agustín, filósofo y obispo de Hipona.
25 Desgraciadas.
26 El sultán de Constantinopla.
27 Ganímedes, amante de Zeus y copero de los dioses fue arrebatado por el águila de Zeus. El águila es aquí el ingenio.

tarse, porque el príncipe, lisonjeado eficazmente, le levantó a su valimiento.

Que la agudeza, si no reina, merece conreinar.

Es en todo porte la malilla[28] de las prendas gran pregonera de la reputación, mayor realce cuanto más sublime el fundamento.

Son agudezas coronadas, ordinarios dichos de un rey. Perecieron grandes tesoros de monarcas, mas consérvanse sus sentencias en el guardajoyas de la fama.

Les valió más a muchos campeones tal vez una agudeza que todo el yerro de sus escuadrones armados, siendo premio de una agudeza una victoria.

Fue examen, fue pregón del mayor crédito en el rey de los sabios y en el más sabio de los reyes, la sentenciosa prontitud en aquel extremo de pleitos, que lo fue llegar a pleitear los hijos; que también acredita el ingenio la justicia.

Y aun en bárbaros tribunales asiste el que es sol de ella. Compite con la de Salomón la prontitud de aquel Gran Turco: pretendía un judío cortar una onza de carne a un cristiano, pena sobre usura. Insistía en ello con igual terquería a su príncipe, que perfidia a su Dios. Mandó el gran juez traer peso[29] y cuchillo: le conminó el degüello si cortaba más ni menos. Y fue dar un agudo corte a la lid, y al mundo un milagro del ingenio.

Es la prontitud oráculo en las mayores dudas, esfinge en los enigmas, hilo de oro en laberintos; y suele ser de condición de león, que guarda el extremarse para el mayor aprieto.

---

28 Comodín.
29 Balanza.

Pero hay también perdidos de ingenio como de bienes, pródigos de agudeza: para presas sublimes, tagarotes;[30] para las viles, águilas. Mordaces y satíricos, que si los crueles se amasaron con sangre, estos con veneno. En ellos, la sutileza, con extraña contrariedad, por liviana, abate; sepultándolos en el abismo de un desprecio, en la región del enfado.

Hasta aquí, favores de la naturaleza; desde aquí, realces del arte. Aquella engendra la agudeza; esta la alimenta, ya de ajenas sales, ya de la prevenida advertencia.

Son los dichos y hechos ajenos en una fértil capacidad semillas de agudeza, de las cuales, fecundado el ingenio, multiplica cosecha de prontitudes y abundancia de agudezas.

No abogo por el juicio, pues él habla por sí bastantemente.

---

[30] *tagarotes*: «especie de halcón» (D. de A.).

Primor IV

Gran cabeza es de filósofos, gran lengua de oradores, pecho de atletas, brazos de soldados, pies de cursores,[31] hombros de palanquines,[32] gran corazón de reyes. De las divinidades de Platón, y texto con que en favor del corazón arman algunos pleitos a la inteligencia.

¿Qué importa que el entendimiento se adelante, si el corazón se queda? Concibe dulcemente el capricho lo que le cuesta mucho de sacar a lucimiento al corazón.

Son estériles por la mayor parte las sutilezas del discurso, y flaquean por su delicadeza en la ejecución.

Proceden grandes efectos de gran causa, y portentos de hazañas de un prodigio de corazón. Son gigantes los hijos de un corazón gigante. Presume siempre empeños de su tamaño, y afecta[33] primeros asuntos.

Grande fue el de Alejandro, y el archicorazón, pues cupo en un rincón de él todo este mundo holgadamente, dejando lugar para otros seis.

Máximo el de César, que no hallaba medio entre todo y nada.

---

[31] *cursores*: los que llevan la correspondencia
[32] Mozos de cuerda.
[33] Desea con fuerza.

Es el corazón el estómago de la fortuna, que digiere con igual valor sus extremos. Un gran buche no se embaraza con grandes bocados, no se estraga fácilmente con la afectación, ni se aceda con la ingratitud. Es hambre de un gigante el hartazgo de un enano.

Aquel milagro del valor, digo el delfín de Francia entonces y Carlos Séptimo después, le notificándo la sentencia estrujada en el supremo[34] por los dos reyes —el de Francia, su padre; y el de Inglaterra, su antagonista—, en que le declaraban por incapaz de suceder en la corona de los lirios, respondió invicto que se apelaba. Instáronle con admiración que a quién. Y él, que a la grandeza de su corazón y a la punta de su espada. Y le valió.

No brilla tan ufano el casi eterno diamante en medio de los voraces carbunclos[35] como soliza (si así puede decirse un hacer del sol) un augusto corazón en medio de las violencias de un riesgo.

Rompió con solos cuatro de los suyos el Aquiles moderno, Carlos Manuel de Saboya, por medio de cuatrocientas corazas enemigas, y satisfizo a la universal admiración diciendo que no hay compañía en el mayor aprieto como la de un gran corazón.

Suple la sobra de él la falta de todo lo demás, siendo siempre el primero que llega a la dificultad y vence.

Presentáronle al rey de Arabia un alfanje damasquino[36], lisonja para un guerrero. Alabáronle los grandes de la asis-

---

34 En el parlamento supremo.

35 *carbunclo*: «piedra preciosa muy parecida al rubí que, según algunos creen, aunque sea en las tinieblas, luce como carbón hecho brasa» (D. de A.).

36 *damasquino*: «Aplícase comúnmente a los cuchillos y alfanjes corvos» (D. de A.).

tencia áulica, no por ceremonia, sí con razón; y atentos a la fineza y arte, alargáranse a juzgarle por rayo de acero, si no pecara algo en corto. Mandó llamar el rey al príncipe para que diese su voto, y podía, pues era el famoso Jacob Almanzor.[37] Vino, le examinó y dijo que valía una ciudad, propio apreciar de un príncipe. Instó el rey que si le hallaba alguna falta. Respondió que todas eran sobras. «Pues, príncipe, estos caballeros todos le condenan por corto». Él, entonces, echando mano a su cimitarra, dijo: «Para un caballero animoso nunca hay arma corta, porque con hacerse él un paso adelante se alarga ella bastantemente, y lo que le falta de acero lo suple el corazón de valor».

Lauree este intento la magnanimidad en los agravios, timbre[38] augusto de grandes corazones. Enseñó Adriano un raro sobre, excelente modo de triunfar de los enemigos, cuando el mayor de los suyos le dijo: «Escapástete».

No hay encomio igual a un decir Luis Duodécimo de Francia: «No venga el rey los agravios hechos al duque de Orleans». Estos son milagros del corazón de un héroe.

---

[37] Califa almohade, muerto en 1199.
[38] *timbre*: «la insignia que se coloca sobre el escudo de armas para distinguir los grados de nobleza. [...] Metafóricamente se toma por cualquier acción gloriosa que ensalza y ennoblece (D. de A.).

Primor V

GUSTO RELEVANTE

Toda buena capacidad fue mal contentadiza. Hay cultura de gusto, así como de ingenio. Entrambos relevantes son hermanos de un vientre, hijos de la capacidad, heredados por igual en la excelencia.

Ingenio sublime nunca crió gusto ratero.

Hay perfecciones soles y hay perfecciones luces.[39] Galantea el águila al sol, piérdese en él el alado gusanillo por la luz de un candil, y tómasele la altura a un caudal por la elevación del gusto.

Es algo tenerlo bueno, es mucho tenerlo relevante. Péganse los gustos con la comunicación, y es suerte topar con quien le tiene superlativo.

Tienen muchos por felicidad, de prestado será, gozar de lo que apetecen, condenando a infelices los demás, pero desquítanse estos por los mismos filos,[40] con que es de ver la mitad del mundo riéndose de la otra, con más o menos de necedad.

Es calidad un gusto crítico, un paladar difícil de satisfacerse; los más valientes objetos le temen y las más seguras perfecciones le tiemblan.

---

[39] *luces*: a veces «las velas que se encienden al anochecer» (Covarrubias)

[40] Emplear las mismas motivos o acciones de otro para atacarle.

Es la estimación preciosísima, y de discretos el regate-arla; toda escasez en moneda de aplauso es hidalgo y, al contrario, desperdicios de estima merecen castigo de desprecio.

La admiración es comúnmente sobrescrito[41] de la ignorancia; no nace tanto de la perfección de los objetos, cuanto de la imperfección de los conceptos. Son únicas las perfecciones de primera magnitud; sea, pues, raro el aprecio.

Quien tuvo gusto rey fue el prudente de los Filipos de España,[42] hecho siempre a objetos milagros, que nunca se pagaba sino de la que era maravilla en su serie.

Le presentó un mercader portugués una estrella de la tierra, digo un diamante de Oriente, cifra de la riqueza, pasmo del resplandor. Y cuando todos aguardaban, si no admiraciones, reparos en Filipo, escucharon desdenes, no porque afectase el gran monarca lo descomedido como lo grave, sino porque un gusto hecho siempre a milagros de naturaleza y arte no se pica así vulgarmente. ¡Qué paso este para una hidalga fantasía! «Señor —dijo—, setenta mil ducados que abrevié en este digno nieto del sol no son de asquear». Apretó el punto Filipo y le dijo: «¿En qué pensabais cuando disteis tanto?» «Señor —acudió el portugués como tal—, pensaba en que había un rey Filipo Segundo en el mundo». Le cayó al monarca en picadura más la agudeza que la preciosidad, y mandó luego pagarle el diamante y premiarle el dicho, ostentando la superioridad de su gusto en el precio y en el premio.

---

[41] *sobrescrito*: «inscripción que se pone en la cubierta de la carta para dirigirla [...]. Metafóricamente se toma por la fisonomía del rostro» (D. de A.).

[42] Felipe II.

Sienten algunos que el que no excede en alabar vitupera. Yo diría que las sobras de alabanza son menguas de la capacidad y, que el que alaba sobrado, o se burla de sí o de los otros.

No tenía por oficial el griego Argesilao el que calzaba a un pigmeo el zapato de Encélado[43] y, en materia de alabanza, es arte medir justo.

Estaba el mundo lleno de las proezas del que fue alba del mayor sol, digo de las victorias de don Hernando Álvarez de Toledo[44] y con llenar un mundo, no mediaban su gusto. Extrañándole la causa dijo que en cuarenta años de vencer, teniendo por campo toda Europa, por blasones todas las empresas de su tiempo, le parecía todo nada, pues nunca había visto un ejército de turcos delante donde la victoria no fuera triunfo de la destreza y no del poder, donde la excesiva potencia humillada ensalzara la experiencia y el valor de un caudillo. Tanto es menester para acallar el gusto de un héroe.

No amaestra este primor a ser Momo[45] un varón culto, que es insufrible destemplanza; sí a ser integérrimo censor de lo que vale. Hacen algunos esclavos al juicio del afecto, pervirtiendo los oficios al sol y las tinieblas.

Merezca cada cosa la estimación por sí, no por sobornos del gusto.

Solo un gran conocimiento, favorecido de una gran práctica, llega a saber los precios de las perfecciones. Y donde el discreto no puede lisamente votar,[46] no se arroje; deténgase, no descubra antes la falta propia que la sobra extraña.

---

43 Uno de los gigantes de la mitología griega que se sublevó contra los dioses.
44 Duque de Alba al servicio de Felipe II.
45 Dios muy perezoso que criticaba a los demás.
46 Dar su opinión o dictamen.

Primor VI

Abarcar toda perfección solo se concede al Primer Ser que, por no recibirlo de otro, no sufre limitaciones.

De las prendas, unas da el cielo, otras libra a la industria; una ni dos no bastan a realzar un sujeto; cuanto destituyó el cielo de las naturales, supla la diligencia en las adquiridas. Aquellas son hijas del favor, estas de la loable industria, y no suelen ser las menos nobles.

Poco es menester para individuo, mucho para universal; y son tan raros estos, que se niegan comúnmente a la realidad si se conceden al concepto.

No es uno solo el que vale por muchos. Grande excelencia en una intensa singularidad, cifrar toda una categoría y equivalerla.

No toda arte merece estimación, ni todo empleo logra crédito. Saberlo todo no se censura; platicarlo todo sería pecar contra la reputación.

Ser eminente en profesión humilde es ser grande en lo poco, es ser algo en nada. Quedarse en una medianía apoya la universalidad; pasar a eminencia desluce el crédito.

Distaron mucho los dos Filipos: el de España y Macedonia. Extrañó, el primero en todo y segundo en el renombre, al príncipe el cantar en su retrete, y abonó el macedón a Alejandro el correr en el estadio. Fue aquella, puntualidad de un prudente, fue este, descuido de la grandeza. Pero, corrido Alejandro antes que corredor, acudió bien; que a competir con reyes, aún, aún.

Lo que tiene más de lo deleitable tiene menos de lo heroico comúnmente.

No debe un varón máximo limitarse a una ni a otra perfección, sino con ambiciones de infinidad aspirar a una universalidad plausible, correspondiendo la intensión[47] de las noticias a la excelencia de las artes.

Ni basta cualquiera ligera cognición, empeño de corrida,[48] que suele ser más nota de vana locuacidad que crédito de fundamental entereza.

Alcanzar eminencia en todo no es el menor de los imposibles; no por flojedad de la ambición, sí de la diligencia y aun de la vida. Es el ejercicio el medio para la consumación en lo que se profesa, y falta a lo mejor el tiempo, y más presto el gusto en tan prolija práctica.

Muchas medianías no bastan a agregar una grandeza, y sobra sola una eminencia a asegurar superioridad.

No ha habido héroe sin eminencia en algo, porque es carácter de la grandeza; y cuanto más calificado el empleo, más gloriosa la plausibilidad. Es la eminencia en aventajada prenda parte de soberanía, pues llega a pretender su modo de veneración.

Y si el regir un globo de viento con eminencia triunfa de la admiración, ¿qué será regir con ella un acero, una pluma, una vara, un bastón, un cetro, una tiara?

Aquel Marte castellano por quien se dijo «Castilla capitanes, si Aragón reyes», don Diego Pérez de Vargas, con más

47 *intensión*: «Actividad, ardor, eficacia y empeño» (D. de A.).
48 *de corrida*: «de paso y súbitamente, de priesa, con presteza y velocidad» (D. de A.).

hazañas que días, retirose a acabarlos en Jerez de la Frontera. Retirose él, mas no su fama, que cada día se extendía más por el teatro universo. Solicitado de ella Alfonso, rey novel, pero antiguo apreciador de una eminencia, y más en armas, fue a buscarle disfrazado con solos cuatro caballeros.

Que la eminencia es imán de voluntades, es hechizo del afecto.

Llegado el rey a Jerez y a su casa, no le halló en ella, porque el Vargas, enseñado a campear, engañaba en el campo su generosa inclinación. El rey, a quien no se le había hecho de mal ir desde la corte a Jerez, no extrañó[49] el ir desde allí a la alquería. Descubriéronle desde lejos, que con una hoz en la mano iba descabezando vides con más dificultad que en otro tiempo vidas. Mandó Alfonso hacer alto y emboscarse los suyos. Apeose del caballo y, con majestuosa galantería, comenzó a recoger los sarmientos que el Vargas, descuidado, derribaba. Acertó este a volver la cabeza, avisado de algún ruido que hizo el rey, o, lo que es más cierto, de algún impulso fiel de su corazón. Y cuando conoció a su majestad, arrojándose a sus plantas, a lo de aquel tiempo, dijo: «Señor, ¿qué hacéis aquí?». «Proseguid, Vargas —dijo Alfonso—, que a tal podador, tal sarmentador».

¡Oh, triunfo de una eminencia!

Anhele a ella el varón raro, con seguridad de que lo que le costará de fatiga lo logrará de celebridad.

Que no sin propiedad consagró la gentilidad a Hércules el buey, en misterio de que el loable trabajo es una sementera de hazañas que promete cosecha de fama, de aplauso, de inmortalidad.

---

[49] *extrañar*: «negarse tácitamente a hacer alguna cosa» (D. de A.).

Excelencia de primero

Hubieran sido algunos fénix en los empleos, a no irles otros delante. Gran ventaja el ser primero, y si con eminencia, doblada. Gana en igualdad el que ganó de mano.

Son tenidos por imitadores de los pasados los que les siguen y, por más que suden, no pueden purgar la presunción de imitación.

Álzanse los primeros con el mayorazgo de la fama, y quedan para los segundos mal pagados alimentos.

Dejó de estimar la novelera gentilidad a los inventores de las artes, y pasó a venerarlos. Trocó la estima en culto, ordinario error, pero que exagera lo que vale una primería.

Mas no consiste la gala en ser primero en tiempo, sino en ser el primero en la eminencia.

Es la pluralidad descrédito de sí misma, aun en preciosos quilates; y, al contrario, la raridad encarece la moderada perfección.

Es, pues, destreza no común inventar nueva senda para la excelencia, descubrir moderno rumbo para la celebridad. Son multiplicados los caminos que llevan a la singularidad, no todos sendereados.[50] Los más nuevos, aunque arduos, suelen ser atajos para la grandeza.

50 Trillados.

Echó sabiamente Salomón por lo pacífico, cediéndole a su padre lo guerrero. Mudó el rumbo y llegó con menos dificultad al predicamento de los héroes.

Afectó Tiberio conseguir por lo político lo que Augusto por lo magnánimo.

Y nuestro gran Filipo gobernó desde el trono de su prudencia todo el mundo, con pasmo de todos los siglos; y si el César, su invicto padre, fue un prodigio de esfuerzo, Filipo lo fue de la prudencia.

Ascendieron con este aviso muchos de los soles de la Iglesia al cenit de la celebridad. Unos por lo eminente santo, otros por lo sumamente docto; cuál por la magnificencia en las fábricas, y cuál por saber realzar la dignidad.

Con esta novedad de asuntos se hicieron lugar siempre los advertidos en la matrícula de los magnos.

Sin salir del arte, sabe el ingenio salir de lo ordinario y hallar en la encanecida profesión nuevo paso para la eminencia. Cediole Horacio lo heroico a Virgilio, y Marcial lo lírico a Horacio. Dio por lo cómico Terencio, por lo satírico Persio, aspirando todos a la ufanía de primeros en su género. Que el alentado capricho nunca se rindió a la fácil imitación.

Vio el otro galante pintor que le habían cogido la delantera el Ticiano, Rafael y otros. Estaba más viva la fama cuando muertos ellos; valiose de su invencible inventiva. Dio en pintar a lo valentón; objetáronle algunos el no pintar a lo suave y pulido, en que podía emular al Ticiano, y satisfizo galantemente que quería más ser primero en aquella grosería que segundo en la delicadeza.

Extiéndase el ejemplo a todo empleo, y todo varón raro entienda bien la treta, que en la eminente novedad sabrá hallar extravagante rumbo para la grandeza.

Primor VIII

Dos patrias produjeron dos héroes: a Hércules, Tebas; a Catón, Roma: fue Hércules aplauso del orbe, fue Catón enfado de Roma. Al uno admiraron todas las gentes, al otro esquivaron los romanos.

No admite controversia la ventaja que llevó Catón a Hércules, pues le excedió en prudencia; pero le ganó Hércules a Catón en fama.

Más de arduo y primoroso tuvo el asunto de Catón, pues se empeñó en domeñar monstruos de costumbres, si Hércules de naturaleza: pero tuvo más de famoso el del tebano.

La distancia consistió en que Hércules emprendió hazañas plausibles y Catón[51] odiosas. La plausibilidad del empleo llevó la gloria a Alcides[52] a los términos del mundo y pasara adelante si ellos se alargaran. Lo desapacible del empleo circunscribió a Catón dentro de las murallas de Roma.

Con todo esto, prefieren algunos, y no los menos los juiciosos, el asunto primoroso al más plausible, y puede más con ellos la admiración de pocos que el aplauso de muchos, si vulgares.

---

[51] Marco Pocio Catón, Tusculum, 234 a. de C.-149 a. de C., militar y escritor romano, que participó en la segunda guerra púnica y en la conquista de Hispania.

[52] Hércules.

Milagros de ignorantes llaman a los empeños plausibles.

Lo arduo, lo primoroso de un superior asunto pocos lo perciben, pero eminentes, y así lo acreditan raros. La facilidad del plausible permítese a todos, vulgarízase, y así el aplauso tiene de ordinario lo que de universal.

Vence la intensión de pocos a la numerosidad de un vulgo entero.

Pero destreza es topar con los empleos plausibles. Punto es de discreción sobornar la atención común en el asunto plausible; manifiéstase a todos la eminencia, y a votos de todos se graduó la reputación.

Débense estimar en más los más. Es palpable la excelencia en tales hazañas, y si con evidencia plausible, las primorosas tienen mucho de metafísico, dejando la celebridad en opiniones.

Empleo plausible llamo aquel que se ejecuta a vista de todos y a gusto de todos, con el fundamento siempre de la reputación, por excluir aquellos tan faltos de crédito cuan sobrados de ostentación. Rico vive de aplauso un histrión, y perece de crédito.

Ser, pues, eminente en hidalgo asunto, expuesto al universal teatro; eso es conseguir augusta plausibilidad.

¿Qué príncipes ocupan los catálogos de la fama, sino los guerreros? A ellos se les debe en propiedad el renombre de magnos. Llenan el mundo de aplauso, los siglos de fama, los libros de proezas, porque lo belicoso tiene más de plausible que lo pacífico.

Entre los jueces se entresacan los justicieros a inmortales, porque la justicia sin crueldad siempre fue más acepta[53] al vulgo que la piedad remisa.

[53] Apreciada.

En los asuntos del ingenio triunfó siempre la plausibilidad. Lo suave de un discurso plausible recrea el alma, lisonjea el oído, que lo seco de un concepto metafísico los ator-
menta y enfada.

Primor IX

Dudo si llame inteligencia o suerte al topar un héroe con la prenda relevante en sí, con el atributo rey de su caudal.

En unos reina el corazón, en otros la cabeza, y es punto de necedad querer uno estudiar con el valor y pelear otro con la agudeza.

Conténtese el pavón con su rueda, préciese el águila de su vuelo, que sería gran monstruosidad aspirar el avestruz a remontarse, expuesta a ejemplar despeño: consuélese con la bizarría de sus plumas.

No hay hombre que en algún empleo no hubiera conseguido la eminencia, y vemos ser tan pocos, que se denominan raros, tanto por lo único como por lo excelente y, como el fénix, nunca salen de la duda.

Ninguno se tiene por inhábil para el mayor empleo, pero lo que lisonjea la pasión desengaña tarde el tiempo.

Excusa es no ser eminente en el mediano por ser mediano en el eminente; pero no la hay en ser mediano en el ínfimo, pudiendo ser primero en el sublime.

Enseñó la verdad, aunque poeta, aquel: «Tú no emprendas asunto en que te contradiga Minerva».[54] Pero no hay cosa más difícil que desengañar de capacidad.

---

[54] *Minerva*: símbolo da la sabiduría.

¡Oh, si hubiera espejos de entendimiento como los hay de rostro! Él lo ha de ser de sí mismo y falsifícase fácilmente. Todo juez de sí mismo halla luego textos de escapatoria y sobornos de pasión.

Grande es la variedad de inclinaciones, prodigio deleitable de la Naturaleza; tanta como en rostros, voces y temperamentos.

Son tan muchos los gustos como los empleos. A los más viles y aun infames no les faltan apasionados. Y lo que no pudiera recabar la poderosa providencia del más político rey, facilita la inclinación.

Si el monarca hubiera de repartir las mecánicas tareas, «Sed vos labrador y vos sed marinero», rindiérase luego a la imposibilidad. Ninguno estuviera contento, aun con el más civil empleo, y ahora la elección propia se ciega aun por el más villano.

Tanto puede la inclinación, y si se aúna con las fuerzas, todo lo sujetan, pero lo ordinario es desavenirse.

Procure, pues, el varón prudente halagar el gusto y atraerle sin violencias de despotiquez,[55] a medirse con las fuerzas y, reconocida una vez la prenda relevante, empléela felizmente.

Nunca hubiera llegado a ser Alejandro español y César indiano, el prodigioso Marqués del Valle, don Fernando Cortés, si no hubiera barajado los empleos; cuando más, por las letras hubiera llegado a una vulgarísima medianía, y por las armas se empinó a la cumbre de la eminencia, pues hizo trinca[56] con Alejandro y César, repartiéndose entre los tres la conquista del mundo por sus partes.

---

55 *despotiquez*: cualidad de despótico.
56 trinca: «la junta de tres cosas de una misma especie o sujetos de una misma clase» (D. de A.).

Primor X

La fortuna, tan nombrada cuan poco conocida, no es otra, hablando a lo cuerdo y aun católico, que aquella gran madre de contingencias y gran hija de la Suprema Providencia, asistente siempre a sus causas, ya queriendo, ya permitiendo.

Esta es aquella reina tan soberana, inescrutable, inexorable, risueña con unos, esquiva con otros, ya madre, ya madrastra, no por pasión, sí por la arcanidad[59] de inaccesibles juicios.

Regla es muy de maestros en la discreción política tener observada su fortuna y la de sus adherentes.[60] El que la experimentó madre, logre el regalo, empéñese con bizarría, que como amante se deja lisonjear de la confianza.

Tenía bien tomado el pulso a su fortuna el César cuando, animando al rendido barquero, le decía: «No temas, que agravias a la fortuna de César». No halló más segura áncora que su dicha. No temió los vientos contrarios el que llevaba en popa los alientos de su fortuna. ¿Qué importa que el aire se perturbe, si el cielo está sereno, que el mar brame, si las estrellas se ríen?

---

57 arcanidad: «cosa recóndita que uno reserva en sí» (D. de A.).

58 adherentes: «se dice del que se arrima, se junta, o se llega a otro, y más comúnmente se entiende del amigo o el pariente» (D. de A.).

Pareció en muchos temeridad un empeño, pero no fue sino destreza, atendiendo al favor de su fortuna. Perdieron otros, al contrario, grandes lances de celebridad por no tener comprehensión de su dicha. Hasta el ciego jugador consulta la suerte al arrojarse.

Gran prenda es ser un varón afortunado, y al aprecio de muchos lleva la delantera. Estiman algunos más una onza de ventura que arrobas de sabiduría, que quintales de valor; otros, al contrario, que fundan crédito en la desdicha como en la melancolía. Ventura repiten de necio y méritos de desgraciado.

Suple con oro la fealdad de la hija el sagaz padre, y el universal dora la fealdad del ingenio con ventura.

Deseó Galeno a su médico afortunado; al capitán, Vejecio; y Aristóteles, a su monarca. Lo cierto es que a todo héroe le apadrinaron el valor y la fortuna, ejes ambos de una heroicidad.

Pero quien de ordinario probó agrios de madrastra, amaine en los empeños, no terquee, que suele ser de plomo el disfavor.

Disimúleseme en este punto hurtarle el dicho al poeta de las sentencias, con obligación de restituirlo en consejo a los amantes de la prudencia. «Tú no hagas ni digas cosa alguna teniendo a la fortuna por contraria».

El benjamín hoy de la felicidad es, con evidencia de su esplendor, el heroico, invicto y serenísimo señor Cardenal Infante de España, don Fernando,[59] nombre que pasa a blasón o corona nominal de tantos héroes.

---

[59] El Cardenal-Infante Fernando de Austria, victorioso general del ejército español en la guerra de los Treinta Años (1618-16148).

Atendía todo el orbe suspenso a su fortuna, satisfecho asaz de su valor, y le declaró esta gran princesa por su galán en la primera ocasión; digo en aquella, tan inmortal para los suyos como mortal para sus enemigos, batalla de Norlinguen, con progresos de finezas en Francia y Flandes, y con el resto de todo su favor en Jerusalén.

Parte es de este político primor saber discernirlos bien y mal afortunados, para chocar o ceder en la competencia.

Previno Solimán la gran felicidad de nuestro católico Marte, quinto de los Carlos, para que estuviera el valor en su esfera. Temió más a sola ella que a todos los tercios de Poniente, contemplación de otros.

Amainó aún a tiempo y le valió, ya que no la reputación, pues se retiraba de ella, la corona.[60]

No así el primer Francisco de Francia, que afectó ignorar su fortuna y la del César; y así, por delincuente de prudencia, fue condenado a prisión.

Péganse de ordinario la próspera y adversa fortuna a los del lado. Atienda, pues, el discreto a ladearse[61] y, en el juego de este triunfo, sepa encartarse y descartarse con ganancia.

---

[60] Solimán supo retirase a tiempo de Viena cuando el emperador Carlos iba a entrar en la ciudad.

[61] Arrimarse.

Primor XI

QUE EL HÉROE SEPA DEJARSE,[62] GANANDO CON LA FORTUNA

Todo móvil instable tiene aumento y declinación. Añaden otros estado donde no hay estabilidad.

Gran providencia es saber prevenir la infalible declinación de una inquieta rueda. Sutileza de tahúr saberse dejar con ganancia, donde la prosperidad es de juego y la desdicha tan de veras.

Mejor es tomarse la honra que aguardar a la rebatiña[63] de la fortuna, que suele en un tumbo alzarse con la ganancia de muchos lances.

Faltarle de constante lo que le sobra de mujer, sienten algunos escocidos. Y añadió el Marqués de Mariñano, para consuelo del emperador sobre Metz, que no solo tiene instabilidad de mujer, sino liviandad de joven en hacer cara a los mancebos.

Mas yo digo que no son livianas variedades de mujer, sino alternativas de una justísima Providencia.

Acierte el varón a serlo en esto: recójase al sagrado de un honroso retiro, porque tan gloriosa es una bella retirada como una gallarda acometida.

---

62 Apartarse.

63 *rebatiña*: «la acción de recoger arrebatada y presurosamente alguna cosa entre muchos que la pretenden agarrar» (D. de A.).

Pero hay hidrópicos[64] de la suerte que no tienen ánimo para vencerse a sí mismos si les está bailando el agua[65] la fortuna.

Sea augusto ejemplar de este primor aquel gran mayorazgo de la fortuna y de la suerte, el máximo de los Carlos y aun de los héroes. Coronó este gloriosísimo emperador con prudente fin todas sus hazañas. Triunfó del orbe con la fortuna, y al cabo triunfó de la misma fortuna. Supo dejarse, que fue echar el sello a sus proezas.

Perdieron otros, al contrario, todo el caudal de su fama en pena de su codicia. Tuvieron monstruoso fin grandes principios de felicidad que, a valerse de esta treta, pusieran en cobro la reputación.

Pudiera asegurar un anillo arrojado al mar y restituido en el arca de un pescado arras de inseparabilidad entre Polícrates[66] y la fortuna. Pero fue poco después el monte Micalense trágico teatro del divorcio.

Cegó Belisario para que abriesen otros los ojos, y eclipsose la luna[67] de España para dar luz a muchos.

No se halla arte de tomarle el pulso a la felicidad, por ser anómalo su humor; previénennos algunas señales de declinación.

Prosperidad muy aprisa, atropellándose unas a otras las felicidades, siempre fue sospechosa; porque suele la fortuna cercenar del tiempo lo que acumula del favor.

Felicidad envejecida ya pasa a caduquez,[68] y desdicha en los extremos cerca está de mejoría.

---

[64] Insaciable.

[65] *bailar el agua*: «dar gusto en todo a uno» (D. de A.)

[66] Polícrates, tirano de la isla de Samos, murió crucificado

[67] Don Álvaro de Luna, que murió decapitado.

[68] *caduquez*: «El efecto de la vejez, cuando el seso está débil ya».

Estaba Abul moro, hermano del rey de Granada, preso en Salobreña y, para desmentir sus confirmadas desdichas, púsose a jugar al ajedrez, propio ensayo del juego de la fortuna. Llegó en esto el correo de su muerte, que siempre esta nos corre la posta. Pidió Abul dos horas de vida; muchas le parecieron al comisario, y le otorgó solo acabar el juego comenzado. Le díjo la suerte, y ganó la vida y aun el reino, pues antes de acabarlo llegó otro correo con la vida y la corona, que por muerte del rey le presentaba Granada.

Tantos subieron del cuchillo a la corona como bajaron de la corona al cuchillo. Cómense mejor los buenos bocados de la suerte con el agridulce de un azar.

Es corsaria la fortuna, que espera a que carguen los bajeles. Sea la contratreta anticiparse a tomar puerto.

Primor XII

GRACIA DE LAS GENTES

Poco es conquistar el entendimiento si no se gana la voluntad, y mucho rendir con la admiración la afición juntamente.

Muchos, con plausibles empresas, mantienen el crédito pero no la benevolencia.

Conseguir esta gracia universal algo tiene de estrella, lo más de diligencia propia. Discurrían otros al contrario, cuando a igualdad de méritos corresponden con desproporción los aplausos.

Lo mismo que fue en uno imán de las voluntades es en otro conjuro. Mas yo siempre le concederé aventajado el partido al artificio.

No basta eminencia de prendas para la gracia de las gentes, aunque se supone. Fácil es de ganar el afecto, sobornado el concepto, porque la estima muñe[69] la afición.

Ejecutó los medios felizmente para esta común gracia, aunque no así para la de su rey, aquel infaustamente ínclito duque de Guisa, a quien hizo grande un rey favoreciéndole y mayor otro emulándole; el tercero, digo, de los Enricos franceses. Fatal nombre para príncipes en toda monarquía, que en tan altos sujetos hasta los nombres descifran oráculos.

---

[69] *muñir*: «llamar o convocar a las juntas o a otra cosa» (D. de A.).

Preguntó un día este rey a sus continuos:[70] «¿Qué hace Guisa, que así hechiza las gentes?». Respondió uno, extravagante áulico, por único en estos tiempos: «Sire, hacer bien a todas manos: al que no llegan derechamente sus benévolos influjos, alcanzan por reflexión, y cuando no obras, palabras. No hay boda que no festeje, bautismo que no apadrine, entierro que no honre; es cortés, humano, liberal, honrador de todos, murmurador de ninguno y, en suma, él es el rey en el afecto, si Vuestra Majestad en el efeto».

Feliz gracia si la hermanara con la de su rey, que no es de esencia el excluirse, por más que encarezca Bayaceto que la plausibilidad del ministro causa recelo al patrón.

Y de verdad que la de Dios, del rey y de las gentes son tres gracias más bellas que las que se fingieron los antiguos. Danse la mano una a otra, enlazándose apretadamente todas tres, y si ha de faltar alguna, sea por orden.

El más poderoso hechizo para ser amado es amar. Es arrebatado el vulgo en proseguir, si furioso en perseguir.

El primer móvil de su séquito, después de la opinión, es la cortesía y la generosidad: con estas llegó Tito a ser llamado delicias del orbe.

Iguala la palabra favorable de un superior a la obra de un igual, y excede la cortesía de un príncipe al don de un ciudadano.

Con solo olvidarse por breve rato de su majestad el magnánimo don Alonso,[73] apeándose del caballo para socorrer a un villano, conquistó las guarnecidas murallas de Gaeta,

---

[70] *continuos*: «oficio que antiguamente había en la casa del Rey, y que servían como de guardia» (D. de A.).

[71] Alfonso V el Magnánimo.

que a fuerza de bombardas[72] no mellara en muchos días. Entró primero en los corazones, y luego con triunfo en la ciudad.

No le hallan algunos destempladamente críticos al grande de los capitanes[73] y gigante entre héroes otros méritos para su antonomasia sino la benevolencia común.

Diría yo que, entre la pluralidad de prendas merecedora cada una del plausible renombre, esta fue felicísima.

Hay gracia de historiadores también, tan de codicia cuan de inmortalidad, porque son sus plumas las de la fama. Retratan, no los aciertos de la naturaleza, sino los del alma. Aquel fénix Corvino,[74] gloria de Hungría, solía decir, y platicar mejor: que la grandeza de un héroe consistía en dos cosas; en alargar la mano a las hazañas y a las plumas, porque caracteres de oro vinculan eternidad.

---

[72] *bombarda*: «máquina militar» (D. de A.).
[73] Gonzalo Fernández de Córdoba, el Gran Capitán.
[74] Matías, rey de Hungría en el siglo XV, fundó la Biblioteca Corvina.

Del despejo[75]

El despejo, alma de toda prenda, vida de toda perfección, gallardía de las acciones, gracia de las palabras y hechizo de todo buen gusto, lisonjea la inteligencia y estraña la explicación.

Es un realce de los mismos realces y es una belleza formal. Las demás prendas adornan la naturaleza, pero el despejo realza las mismas prendas. De suerte que es perfección de la misma perfección, con trascendente beldad, con universal gracia.

Consiste en una cierta airosidad, en una indecible gallardía, tanto en el decir como en el hacer, hasta en el discurrir.

Tiene de innato lo más, reconoce a la observación lo menos. Hasta ahora nunca se ha sujetado a precepto superior, siempre a toda arte.

Por robador del gusto le llamaron garabato;[76] por lo imperceptible, donaire; por lo alentado, brío; por lo galán, despejo; por lo fácil, desenfado. Que todos estos nombres le han buscado el deseo y la dificultad de declararle.

Agravio se le hace en confundirle con la facilidad; déjala muy atrás y adelántase a bizarría. Bien que todo despejo supone desembarazo, pero añade perfección.

[75] *despejo*: «desenfado, desembarazo, donaire, brío» (D. de A.).

[76] *garabato*: «aire, garbo, brío y gentileza que suelen tener las mujeres, que aunque no sean hermosas les sirve de atractivo» (D. de A.).

Tienen su Lucina[77] las acciones, y débesele al despejo el salir bien, porque él las partea para el lucimiento.

Sin él la mejor ejecución es muerta; la mayor perfección, desabrida. Ni es tan accidente que no sea el principal alguna vez. No solo sirve al ornato, sino que apoya lo importante.

Porque, si es el alma de la hermosura, es espíritu de la prudencia; si es aliento de la gala, es vida del valor.

Campea igualmente en un caudillo al lado del valor el despejo, y en un rey a par de la prudencia.

No se le reconoce menos en el día de una batalla a la despejada intrepidez que a la destreza y al valor. El despejo constituye primero a un general señor de sí, y después, de todo.

No alcanza la ponderación, no basta a apreciar el imperturbable despejo de aquel gran vencedor de reyes, émulo mayor de Alcides, don Fernando de Ávalos.[78] Vocéelo el aplauso en el teatro de Pavía.

Es tan alentado el despejo en el caballo como majestuoso en el dosel; hasta en la cátedra da bizarría a la agudeza.

Heroico fue el desembarazo de aquel Teseo francés, Enrico Cuarto,[79] pues con el hilo de oro del despejo supo desligarse de tan intrincado laberinto.

También es político el despejo, y en fe de él aquel monarca espiritual del orbe llegó a decir: "¿Hay otro mundo que gobernar?»

[77] Divinidad romana que presidía los nacimientos.
[78] Marqués de Pescara, venció a los franceses en la batalla de Pavía.
[79] Enrique IV de Francia.

Primor XIV

Del natural imperio

Empéñase este primor en una prenda tan sutil, que corriera riesgo por lo metafísico si no la afianzaran la curiosidad y el reparo.

Brilla en algunos un señorío innato, una secreta fuerza de imperio que se hace obedecer sin exterioridad de preceptos, sin arte de persuasión.

Cautivo César de los isleños piratas, era más señor de ellos; mandábales vencido y servíanle ellos vencedores. Era cautivo por ceremonia y señor por realidad de soberanía.

Ejecuta más un varón de estos con un amago que otros con toda su diligencia. Tienen sus razones un secreto vigor, que recaban más por simpatía que por luz.

Sujétaseles la más orgullosamente sin advertir el cómo, y ríndeseles el juicio más exento.

Tienen estos andado mucho para leones en humanidad, pues participan lo principal, que es señorío.

Reconocen al león las demás fieras en presagio de naturaleza y, sin haberle examinado el valor, le previenen zalemas.[80]

Así a estos héroes, reyes por naturaleza, les adelantan respeto los demás, sin aguardar la tentativa del caudal.

---

[80] *zalema*: «reverencia o cortesía humilde en demostración de sumisión» (D. de A.).

Realce es este de corona y, si le corresponden la eminencia del entendimiento y la grandeza del corazón, no le falta cosa para construir un primer móvil político.

Viose entronizada esta señoril prenda en don Hernando Álvarez de Toledo, señor más por naturaleza que por merced. Fue grande y nació para mayor, que aun en el hablar no pudo violentar este natural imperio.

Dista mucho de una mentida gravedad, de un afectado entono,[81] quintaesencia de lo aborrecible, no tanto si es nativa, pero que está muy al canto del enfado.

Pero la mayor oposición mantiene con el recelo de sí, con la sospecha del propio valor, y más cuando se abate a desconfianza, que es del todo rendirse al desprecio.

Fue aviso de Catón y propio parto de su severidad, que debe un varón respetarse a sí mismo y aun temerse.

El que se pierde a sí propio, el miedo da licencia a los demás, y con la permisión suya facilita la ajena.

---

81 *entono*: «arrogancia, engreimiento» (D. de A:).

De la simpatía sublime

Prenda es de héroe tener simpatía con héroes. Alcanzarla con el sol basta a hacer a una planta gigantea y a su flor la corona del jardín.

Es la simpatía uno de los prodigios sellados de la naturaleza; pero sus efectos son materia del pasmo, son asunto de la admiración.

Consiste en un parentesco de los corazones, si la antipatía en un divorcio de las voluntades.

Algunos las originan de la correspondencia en temperamentos; otros, de la hermandad en astros.

Aspira aquella a obrar milagros, y esta, monstruosidades. Son prodigios de la simpatía los que la común ignorancia reduce a hechizos y la vulgaridad a encantos.

La más culta perfección sufrió desprecios de la antipatía, y la más inculta fealdad logró finezas de la simpatía.

Hasta entre padre e hijos pretenden jurisdicción y ejecutan cada día su potencia, atropellando leyes y frustrando privilegios de naturaleza y política. Quita reinos la antipatía de un padre y dalos una simpatía.

Todo lo alcanzan méritos de simpatía; persuade sin elocuencia y recaba cuanto quiere, con presentar memoriales de armonía natural.

La simpatía realzada es carácter, es estrella de heroicidad; pero hay algunos de gusto imán, que mantienen antipatía con el diamante y simpatía con el hierro. Monstruosidad de naturaleza, apetecer escoria y asquear el lucimiento.

Fue monstruo real Luis Undécimo,[82] que más por naturaleza que por arte, extrañaba la grandeza y se perdía por las heces de la categoría política.

Gran realce es la simpatía activa, si es sublime, y mayor la pasiva, si es heroica. Vence en preciosidad a la gran piedra del anillo de Giges, y en eficacia a las cadenas del tebano.

Fácil es la propensión a los varones magnos, pero rara la correlación. Da voces tal vez el corazón, sin escuchar eco de correspondencia. En la escuela del querer es este el *abc*, donde la primera lección es de simpatía.

Sea, pues, destreza en discreción conocer y lograr la simpatía pasiva. Válgase el atento de este hechizo natural y adelante el arte lo que comenzó naturaleza. Tan indiscreta cuan mal lograda es la porfía de pretender sin este natural favor y querer conquistar voluntades sin esta munición de simpatía.

Pero la real es la reina de las prendas, pasa los términos de prodigio, basa que levantó estatua siempre de inmortalidad sobre plintos de próspera fortuna.

Está a veces amortiguada esta augusta prenda por no alcanzarle los alientos del favor. No atrae la calamita[83] al hierro fuera de su distrito, ni la simpatía obra fuera de la esfera de su actividad. Es la aproximación la principal de las condiciones, no así el entremetimiento.

Atención, aspirantes a la heroicidad, que en este primor amanece un sol de lucimiento.

---

[82] Luis XI de Francia.
[83] *calamita*: «piedra imán» (D. de A.).

Renovación de grandeza

Son los primeros empeños examen del valor y un como salir a vistas la fama y el caudal.

No bastan milagros de progresos a realzar ordinarios principios, y cuando mucho, todo esfuerzo después es remiendo de antes.

Un bizarro principio, a más de que pone en subido traste el aplauso, empeña mucho el valor.

Es la sospecha, en materia de reputación a los principios, de condición de precita,[84] que si una vez entra, nunca más sale del desprecio.

Amanezca un héroe con esplendores del sol. Siempre ha de afectar grandes empresas; pero en los principios máximas. Ordinario asunto no puede conducir extravagante crédito, ni la empresa pigmea puede acreditar de jayán.[85]

Son fianzas de la opinión los aventajados principios, y los de un héroe han de asestar cien estadios[86] más alto que los fines de un común.

Aquel sol de capitanes y general de héroes, el conde heroico de Fuentes,[87] nació al aplauso con rumbos de sol, que nace ya gigante de lucimiento.

[84] «Condenado a las penas del infierno, réprobo». (DRAE).
[85] «Persona de gran estatura» (DRAE)
[86] Distancia de 125 pasos geométricos (DRAE).
[87] Pedro Enríquez de Acevedo, conde de Fuentes, militar al servicio de Felipe II. Se conserva la fortificación con su nombre en el Norte de Italia.

Su primera empresa pudo ser *non plus ultra* de un Marte; no hizo noviciado de fama, sino que el primer día profesó inmortalidad.

Contra el parecer de los más cercó a Cambray, porque era extravagante en la comprehensión como en el valer. Fue antes conocido por héroe que por soldado.

Mucho es menester para desempeñarse de una grande expectación. Concibe altamente el que mira, porque le cuesta menos de imaginar las hazañas que al que ejecuta de obrarlas.

Hazaña no esperada pareció, más que un prodigio prevenido de la expectación.

Crece más en la primera aurora un cedro que un hisopo[88] en todo un lustro, porque robustas primicias amagan[89] gigantez.

Grandes son las consecuencias de una máxima en antecedente; declárase el valimiento de la fortuna, la grandeza del caudal, el aplauso universal y la gracia común.

Pero no bastan alentados principios si son desmayados los progresos. Comenzó Nerón con aplausos de fénix y acabó con desprecios de basilisco.

Desproporcionados extremos, si se juntan, declaran monstruosidad.

Tanta dificultad arguye adelantar el crédito como el comenzarlo. Envejécese la fama y caduca el aplauso, así como todo lo demás; porque leyes del tiempo no conocen excepción.

Al mayor lucimiento, que es el del sol, achacaron vejeces los filósofos y descaecimientos en el brillar.

---

[88] Especie de planta muy olorosa.
[89] Ocultan.

Es, pues, treta, tanto de águila como de fénix, el renovar la grandeza, el remozar la fama y volver a renacer al aplauso.

Alterna el sol horizontes al resplandor; varía teatros al lucimiento, para que, en el uno la privación y en el otro la novedad, sustenten la admiración y el deseo.

Volvían los Césares de ilustrar el orbe al oriente de su Roma y renacían cada vez a ser monarcas.

El rey de los metales, pasando de un mundo a otro, pasó de un extremo de desprecio a otro de estimación.

La mayor perfección pierde por cotidiana, y los hartazgos de ella enfadan la estimación, empalagan el aprecio.

Primor XVII

Toda prenda, todo realce, toda perfección, ha de engastar en sí un héroe, pero afectar, ninguna.

Es la afectación el lastre de la grandeza.

Consiste en una alabanza de sí muda, y el alabarse uno es el más cierto vituperarse.

La perfección ha de estar en sí, la alabanza en los otros; y es merecido castigo que, al que neciamente se acuerda de sí, discretamente le pongan en el olvido los demás.

Es muy libre la estimación; no se sujeta a artificio, mucho menos a violencia. Ríndese más presto a una elocuencia tácita de prendas que a la desvanecida ostentación.

Impide poca estimación propia, mucho aplauso ajeno.

Juzgan los entendidos toda afectada prenda antes por violenta que por natural, antes por aparente que por verdadera, y así da gran baja en la estimación.

Todos son necios los Narcisos, pero los de ánimo con incurable necedad, porque está el achaque en el remedio.

Pero si el afectar prendas es necedad de a ocho, no le quedará grado al afectar imperfecciones.

Por huir la afectación dan otros en el centro de ella, pues afectan el no afectar.

Afectó Tiberio el disimular, pero no supo disimular el disimular. Consiste el mayor primor de un arte en desmentirlo, y el mayor artificio en encubrirle con otro mayor.

Grande es dos veces el que abarca todas las perfecciones en sí y ninguna en su estimación. Con un generoso descuido despierta la atención común y, siendo él ciego para sus prendas, hace Argos a los demás.

Esta llámese milagro de destrezas, que si otras por extravagantes sendas guían a la grandeza, esta por opuesta conduce al trono de la fama, al dosel de la inmortalidad.

Primor XVIII

Carecieron por la mayor parte los héroes, ya de hijos, ya de hijos héroes; pero no de imitadores; que parece los expuso el cielo más para ejemplares del valor que para propagadores de la naturaleza.

Son los varones eminentes textos animados de la reputación, de quienes debe el varón culto tomar lecciones de grandeza, repitiendo sus hechos y construyendo sus hazañas.

Propóngase en cada predicamento los primeros, no tanto a la imitación cuanto a la emulación, no para seguirles, sí para adelantárseles.

Fue Aquiles heroico desvelo de Alejandro y, durmiendo en su sepulcro, despertó en él la emulación de su fama. Abrió los ojos el alentado macedón al llanto y al aprecio por igual, y lloró, no a Aquiles sepultado, sino a sí mismo, no bien nacido a la fama.

Empeñó después Alejandro a César, y lo que fue Aquiles para Alejandro, fue Alejandro para César; le picó en lo vivo, en la generosidad del corazón, y adelantose tanto, que le puso la fama en controversia y la grandeza en parangón; pues si Alejandro hizo teatro augusto de sus proezas el Oriente, César el Occidente de las suyas.

---

[90] Idea, en sentido platónico, ejemplar único e inmutable del que participan todas las cosas sensibles pertenecientes a una especie.

Decía el magnánimo don Alonso de Aragón y Nápoles que no así el clarín solicita al generoso caballo como le inflamaba a él la trompa de la fama cesárea.

Y nótese cómo se van heredando estos héroes con la emulación la grandeza, y con la grandeza la fama.

En todo empleo hay quien ocupa la primera clase, y la ínfima también. Son unos milagros de la excelencia, son otros antípodas de milagros. Sepa el discreto graduarlos, y para esto tenga bien repasada la categoría de los héroes, el catálogo de la fama.

Hizo el sílabo de los jubilados[93] Plutarco en sus *Paralelas*,[94] de los modernos Paulo Jovio en sus *Elogios*.

Deséase aún una crisis[95] integérrima, pero ¿qué ingenio la presumirá? Fácil es señalarles lugar en tiempo, pero difícil en aprecio.

Pudiera ser idea universal si no pasara a milagro, dejando ociosa toda imitación, ocupando toda admiración, el monarca de los héroes, primera maravilla de las animadas del orbe y el cuarto de los Filipos de España, que al sol de Austria se le debía la cuarta esfera.

Sea espejo universal quien representa todas las maximidades, no digo ya grandezas.

Llámese el émulo común de todos los héroes quien es centro de todas sus proezas y equivóquese el aplauso en blasones con eminente pluralidad. El afortunado, por su felicidad; el animoso, por su valor; el discreto, por su ingenio; el catolicísimo, por su celo; el despejado, por su airosidad; y el universal, por todo.

91 Lista de los que han alcanzado la condición de héroe.

92 *Vidas paralelas* de Plutarco.

93 *crisis*: «Juicio que se hace de algo después de haberlo examinado cuidadosamente» (DRAE).

Primor XIX

Aunque seguro el héroe del ostracismo de Atenas, peligra en el criticismo de España.

Extravagante aquel, le desterrará luego, y pudiera a los distritos de la fama, a los confines de la inmortalidad.

Paradojo[94] este, le condena a que peca en no pecar. Es primor crítico deslizar venialmente en la prudencia o en el valor para entretener la envidia, para cebar la malevolencia.

Juzgan estos por imposible el salvarlas, aunque sea un gigante de esplendor, porque son tan arpías que cuando no hallan presa vil, suelen atreverse a lo mejor.

Hay intenciones con metafísica ponzoña que saben sutilmente transformar las prendas, malear las perfecciones y dar siniestra interpretación al más justificado empeño.

Sea, pues, treta política permitirse algún venial desliz que roa la envidia y distraiga el veneno de la emulación.

Y pase por triaca política, por contraveneno de prudencia; pues, naciendo de un achaque, tiene por efecto la salud. Rescate el corazón exponiéndose a la murmuración, atrayendo a sí el veneno.

A más de que una travesura de la naturaleza suele ser perfección de toda una hermosura. Un lunar tal vez da campo a los realces de la belleza.

94 *paradoja*: «extraño o extravagante en su modo de opinar o sentir» (D. de A.).

Hay defectos sin defecto. Afectó algunos Alcibíades en el valor, Ovidio en el ingenio, llamándolos las fuentes de salud.

Ocioso me parece el primor, y más melindre de confiado que cultura de discreto.

¿Quién es el sol sin eclipses, el diamante sin raza, la reina de lo florido sin espinas?

No es menester arte donde basta la naturaleza. Sobra la afectación donde basta el descuido.

Primor último y corona

VAYA LA MEJOR JOYA DE LA CORONA Y FÉNIX
DE LAS PRENDAS DE UN HÉROE

Todo lucimiento desciende del padre de ellos, y si de padre a hijos. Es la virtud hija de la luz auxiliante, y así con herencia de esplendor. Es la culpa un monstruo que abortó la ceguera, y así heredada en oscuridad.

Todo héroe participó tanto de felicidad y de grandeza cuanto de virtud, porque corren paralelas desde el nacer al morir.

Eclipsose en Saúl la una con la otra, y amanecieron en David a la par.

Fue Constantino entre los césares el primero que se llamó Magno, y fue juntamente el primer emperador cristiano; superior oráculo de que con la cristiandad nació hermanada la grandeza.

Carlos, primer emperador de Francia,[95] alcanzó el mismo renombre y aspiró al de santo.

Luis,[96] gloriosísimo rey, fue flor de santos y de reyes.

En España, Fernando, llamado comúnmente el Santo en Castilla, fue el Magno del Orbe.

El conquistador de Aragón consagró tantos templos a la Emperatriz del Empíreo como conquistó almenas.

[95] Carlomagno.
[96] San Luis, rey de Francia.

[92]

Los dos reyes Católicos, Fernando y Isabel, fueron el *non plus ultra*, digo columnas de la fe.

El bueno, el casto, el pío, el celoso de los Filipos españoles, no perdiendo un palmo de tierra, ganó a varas el Cielo; y de verdad que venció más monstruos con su virtud que Alcides con su clava.

Entre capitanes, Godofre de Bullón,[97] Jorge Castrioto,[98] Rodrigo Díaz de Vivar, el gran Gonzalo Fernández, el primero de Santa Cruz[99] y el pasmo de los turcos, el serenísimo señor don Juan de Austria, fueron espejos de virtud y templos de la piedad cristiana.

Entre los héroes sacrosantos, los dos primeros a quienes dio renombre la grandeza, Gregorio y León,[100] les dio esplendor la santidad.

Aun en los gentiles y infieles reduce el sol de los ingenios, Augustino, toda la grandeza al fundamento de algunas virtudes morales.

Creció Alejandro hasta que menguaron sus costumbres. Venció Alcides monstruos de fortaleza hasta que se rindió a la misma flaqueza.

Fue tan cruel la fortuna, digo justiciera, con ambos Nerones, cuanto lo fueron ellos con sus vasallos.

Monstruos fueron de la lascivia y flojedad Sardanápalo,[101] Calígula y Rodrigo,[102] y portentos del castigo.

[97] Godofredo de Bullón, jefe de la primera cruzada.

[98] Jorge Castrioto, príncipe de Albania, luchó a las órdenes de Alfonso el Magnánimo.

[99] Don Álvaro de Bazán, primer marqués de Santa Cruz, militar y almirante, participó en la batalla de Lepanto.

[100] Gregorio I y León I, papas llamados «Grandes».

[101] *Sardanápalo*: Asurbanipal, rey de Siria.

[102] El último rey godo, murió en la batalla de Guadalete a manos de los árabes.

En las monarquías pretende evidencia este primor. Floreció el que es flor de los reinos mientras que floreció la piedad y religión, y marchitose con la herejía su belleza.

Pereció la fénix de las provincias en el fuego de Rodrigo, y renació en la piedad de Pelayo o en el celo de Fernando.

Salió a ser maravilla de prosapias[103] la augustísima Casa de Austria, fundando su grandeza en la que es cifra de las maravillas de Dios. Y rubricó su imperial sangre con la de Cristo, Señor nuestro, sacramentada.

¡Oh, pues, varón culto, pretendiente de la heroicidad! Nota el más importante primor, repara en la más constante destreza.

No puede la grandeza fundarse en el pecado, que es nada, sino en Dios, que lo es todo.

Si la excelencia mortal es de codicia, la eterna sea de ambición.

Ser héroe del mundo, poco o nada es; serlo del Cielo es mucho, a cuyo gran Monarca sea la alabanza, sea la honra, sea la gloria.

---

103 *prosapia*: «la ascendencia, casta o generación de alguno» (D. de A.).

El político
don Fernando el Católico

Edición modernizada de *El político don Fernando el Católico* de Baltasar Gracián, impresa por Diego Dormer en Zaragoza,1640.

Censura

Del Doctor Pedro de Abella, catedrático de artes en la universidad de Zaragoza

Por comisión del señor doctor Juan Perat, canónigo de la santa iglesia metropolitana de la Seo de Zaragoza, y en lo espiritual y temporal vicario general por el ilustrísimo y reverendísimo señor don Pedro Apaolaza, arzobispo de Zaragoza, del Consejo de Su Majestad, etc., he leído al *Católico Fernando*, que renaciendo en nuevas memorias podrá servir de ejemplo a los príncipes y de idea a los mayores monarcas. Ofrécelo su Autor ilustrado con erudición curiosa, enseñanza advertida y política prudente, sin haber en él algo que pueda deslucir el renombre de católico, ni ofender a las buenas costumbres. Así lo siento, en Zaragoza, en Palacio, a 9 de noviembre 1640.

El Doctor Pedro de Abella

Licencia

Doy licencia para que se imprima. En Zaragoza, a 12 de noviembre, 1640.

El Doctor Juan Perat,
Oficial y Vicario General

Censura

Del doctor Juan Francisco Andrés de Uztarroz de orden del Excelentísimo Señor Duque de Nochera, Príncipe de Scila, lugarteniente y capitán general en los reinos de Aragón y Navarra

Eterniza las memorias, señor excelentísimo, del glorioso rey don Fernando II de Aragón y V de Castilla este breve diseño de sus heroicas acciones, coloriendo artificiosamente Lorenzo Gracián con el ingenioso pincel de su pluma, no solo su idea, pero dibuja, en diferentes lejos y distancias, las virtudes y deliquios de otros príncipes. Gloriarse puede la villa de Sos por haber nacido en ella, en la antigua casa de los Sadas, príncipe tan singular, cuya dicha pudieran envidiar muchas ciudades.

No puedo dejar de darle muchas gracias al Autor de este erudito trabajo por haber sabido escoger Mecenas de tan excelentes y aventajadas partes, cuya prudencia se acredita con acciones propias. Publíquelo la peregrinación que Vuestra Excelencia hizo por Francia, Flandes, Alemania, Inglaterra, Polonia y otras provincias, dejando sus esclarecidos lares por volver a ellos rico de experiencias y glorioso de trofeos, habiendo vertido en Argentina, en defensa de la religión católica, mucha sangre de sus generales venas.

Diga la militar disciplina cuántas veces vio a Vuestra Excelencia acaudillar numerosos ejércitos, y con el valeroso denuedo que reconoció, de orden del señor Infante Cardenal, las fortificaciones y cuarteles de Veymar para descubrir sus designios. Y, habiéndolo ejecutado dichosamente como práctico soldado, predijo los intentos del enemigo, que, a no haberlos previsto su marcial viveza, pudieran haber causado algún desorden. Hable Viena, Corte de los emperadores de Alemania, las veces que vio Vuestra Excelencia embajador elocuente en sus estrados y doseles. Pero yo solamente diré que debe Vuestra Excelencia ennoblecer con su protección *El Político* de Lorenzo Gracián por dos causas: la primera, porque la nobilísima Casa de Vuestra Excelencia sabe defender los Serenísimos Reyes de Aragón. No lo callarán las historias, ni son hazañas que las puede oscurecer el olvido, pues no hay quien ignore la prudencia y el valor de los dos famosos caballeros, don Antonio Carrafa y don Diomedes, su hijo, por cuyo medio recobró el magnánimo rey don Alonso el opulento reino de Nápoles, y Vuestra Excelencia, como sucesor de tan esclarecidos príncipes, defenderá esta obra.

La segunda causa por la cual hallará tutelar asilo el Autor de este desvelo político, es por ser Vuestra Excelencia. protector de los varones doctos, heredando esta inclinación con la sangre, pues sabe Italia que el Palacio del Excelentísimo Señor don Fernando Carrafa, padre de Vuestra Excelencia, fue museo de eruditos y célebres ingenios. Merece *El Político* que Vuestra Excelencia le haga la honra que al *Héroe* y la que previene al *Ministro Real*, dándole la licencia que suplica, por no hallarse en este libro cosa que ofenda las buenas costumbres ni las regalías de Su Majestad. Así lo siento, en Zaragoza, a 21 de noviembre, año 1640.

EL Doctor Juan Francisco Andrés de Uztarroz

Suma de privilegio

Tiene privilegio por diez años Lorenzo Gracián para imprimir un libro del *Político don Fernando el Católico*, sin que otra persona lo pueda imprimir sin su licencia, so las penas en el dicho privilegio contenidas. Despachado por José Yubero, en Zaragoza, a 27 de noviembre de 1640.

AL EXCELENTÍSIMO SEÑOR DUQUE DE NOCHERA[1]

Pongo un rey a todos los pasados; propongo un rey a todos los venideros: don Fernando el Católico, aquel gran maestro del arte de reinar, el oráculo mayor de la razón de Estado.

Será este (¡oh, excelentísimo Duque, Mecenas y maestro mío juntamente), no tanto cuerpo de su historia cuanto alma de su política; no narración de sus hazañas, discurso sí de sus aciertos; crisis[2] de muchos reyes, que no panegiris[3] de uno solo, debida a la magistral conversación de Vuestra Excelencia, lograda de mi observación.

Comentaré algunos de sus reales aforismos, los más fáciles, los accesibles, que los primorosos, los recónditos, esos cederlos he a quien presumiere alcanzarlos. Apreciaré reglas ciertas, no paradojas políticas, peligrosos ensanches de la razón, estimando más la seguridad que la novedad.

Protesto que no alienta mi pluma el favonio de la lisonja, pues nunca esta buscó tan remotos los asuntos. Excusa, sí, mi osadía, y aun la solicita, mi suerte de hallarme, digo, con muchas noticias eternizadas por su propia real católica

---

1 Francisco María Carrafa, duque de Nocera y virrey de Aragón, fue procesado tras su intervención en la Guerra de Cataluña.

2 *crisis*: «Juicio que se hace de alguna cosa después de haberla examinado cuidadosamente» (D. de A.).

3 Panegírico.

mano; deformes caracteres, pero informados de mucho espíritu. Oráculo dos veces por lo arcano de la inscripción, y más por lo profundo del pensamiento.

Quedó envidiando a Tácito y a Comines[4] las plumas, mas no el cetro; el espíritu, mas no el objeto.

Fundó Fernando la mayor monarquía hasta hoy en religión, gobierno, valor, estados y riquezas; luego fue el mayor rey hasta hoy.

Concurrieron siempre grandes prendas en los fundadores de los imperios; que si todo rey, para ser el primero de los hombres ha de ser el mejor de los hombres, para ser el primero de los reyes ha de ser el máximo de los reyes.

Fueron comúnmente tan prodigiosos los hechos de todos los fundadores, que las narraciones de ellos se juzgaron antes por invenciones de la Épica que por rigores de la Historia. Los suyos los imaginaron más que hombres, hasta inaugurarlos[5] en dioses: los extraños, echando por otro extremo, los tuvieron por héroes fabulosos.

Destinose la elegante pluma de Jenofonte al glorioso cetro de Ciro, cabeza del imperio de los persas, y remontose tanto, que se perdió de crédito, pues creyó la posteridad que había escrito, no lo que había sido Ciro, sino lo que debe ser un perfecto monarca.

Es el fundador de un imperio hijo de su propio valor; sus sucesores participaron de la grandeza. Hízose rey, que pudo, sobre la corona de los méritos, fabricársela de diamantes. Ellos, o nacen reyes, o son hechos reyes.

Fue Rómulo un prodigio de la capacidad y del valor, para fundar la monarquía romana, tan dilatada en espacios

4 Philippe de Comines: historiador del reinado de Luis XI.
5 *inauguración*: «exaltación, elevación del trono» (D. de A.).

como en siglos. Déjoles a los suyos en su significativo nombre depositada, como en semilla, la virtud y vinculado el valor, para ocupar lo mejor del mundo, y fue tanto más cuanto comenzó de menos.

Las principales de estas heroicas prendas son antes favores del celestial destino que méritos del propio desvelo.

Hijos fueron de esta divina elección suprema, y hermanos en la grandeza, Constantino y Carlos,[6] para fundar los dos cristianos imperios, el uno en el Oriente y el otro en el Occidente.

Celebren todos los siglos, depositadas todas las prendas en el verdadero Gerión[7] de España, los tres fundadores de sus tres católicos reinos, don García Jiménez de Sobrarbe, don Pelayo de las Asturias, don Alonso Enríquez de Portugal, que con gloriosa emulación pasaron a ser imperios extendiéndose cada uno por diferente parte del universo.

Con el valor se consiguen las coronas, y con la prudencia se establecen. Le sobró a Alejandro[8] la braveza para conquistar y le faltó la sagacidad para establecer, si ya no fue envidia de que ninguno de sus sucesores le igualase, o soberbia de no imaginar a otro alguno capaz de tanto empleo.

Llenó el Oriente el Tamorlán[9] más de terror que de señorío, bárbaro cometa que con la facilidad con que se forjó se deshizo, y comenzaba así en nuestros días Gustavo Adolfo el de Suecia.

---

6 Constantino el Grande, emperador romano, y Carlomagno, emperador del Sacro Imperio Romano.

7 Gerión: personaje mitológico, fue un gigante de tres cabezas que gobernó en el sur de España y murió a manos de Hércules.

8 Alejandro Magno.

9 Tamorlán: Tamerlán, jefe mongol, que realizó grandes conquistas en el Asia central durante el siglo XIV.

No tengo yo por fundador de una monarquía al que la dio cualquier principio imperfecto, sino al que la formó.

Mucho se le debe en el poderoso imperio de los turcos al valeroso Otomán,[10] que lo comenzó, pero mucho más al conquistador Mahometo,[11] que lo estableció en Constantinopla, dejándolo tan acreditado como acrecentado.

Plantó la monarquía de Francia el valiente Faramundo.[12] Regola Clodoveo[13] con el licor celestial, coronándola más con sus cristianísimas virtudes que con sus fragantes lises.

Hay también grande distancia de fundar un reino especial y homogéneo dentro de una provincia al componer un imperio universal de diversas provincias y naciones. Allí, la uniformidad de leyes, semejanza de costumbres, una lengua y un clima, al paso que lo unen en sí, lo separan de los extraños. Los mismos mares, los montes y los ríos le son a Francia término connatural y muralla para su conservación. Pero en la monarquía de España, donde las provincias son muchas, las naciones diferentes, las lenguas varias, las inclinaciones opuestas, los climas encontrados, así como es menester gran capacidad para conservar, así mucha para unir.

Ni se limita el fundar los imperios a un modo singular; halló muchos y especiales el ingenio. De esta suerte transformó César la aristocracia en monarquía y fueron tantas sus prendas como sus coronas. Los romanos conquistaron lo más y lo mejor del mundo, y él sujetó a los romanos. Avasalló otros tantos reyes cuantos fueron los senadores y capitanes que venció.

---

10 Otomán: Osmán I, fundó el imperio turco.
11 Mahoma II, conquistó Constantinopla en el siglo XV.
12 Faramundo: se considera que fue el primer rey merovingio.
13 Clodoveo, rey de todos los francos en el siglo V y VI.

Dio lugar el gran Constantino a la monarquía pontificia y trasladó la suya imperial allá al Oriente, haciendo de sus victoriosas armas muralla fuerte a la Iglesia. Facilitó la conquista de todo el mundo al yugo de la fe santa, si hubieran sabido sus sucesores ejecutar la traza y lograr la ocasión.

Fue dos veces grande, por lo valeroso y por lo sagaz, Ismael Sofi, pues fundó su imperio de Persia, no de las ruinas del otomano, sino de lo más florido de él. Detuvo el curso a su felicidad en su mayor aumento, y por Divina Providencia (derechamente favorable a la cristiandad) enfrenó el orgullo turquesco a lo mejor.

Tiene la astucia su propio modo de fundar, que fue valerse siempre de la ocasión; y, después de haber la inconsiderada porfía de los príncipes cristianos consumido alternativamente sus fuerzas, agotado sus tesoros, desflorado sus ejércitos, salieron de refresco los turcos y alzáronse con todo, sin resistencia: están más llenas las historias de casos que de escarmientos.

Viose renovada la gloria antigua africana en su Jerife, bárbaro sabio que supo jugar a dos manos, ya de la política y ya del valor.

Émulo Quingui[14] de Alejandro, y envidiándole el renombre, volvió a conquistar todo el Oriente, desde las murallas de la China hasta las selvas de Moscovia, dejando a sus sucesores, más en empeño que en herencia, el renombre de Gran Kan de la Tartaria.

Todos fueron cabezas de monarquías, correspondiendo en cada uno la grandeza de su ánimo a la de su imperio. Pocos de sus sucesores les igualaron, y aunque adelantaron los términos del mando, pero no los del valor.

[14] Se refiere a Gengis-Kan, jefe de los tártaros.

El claro sol que entre todos ellos brilla es el Católico Fernando, en quien depositaron, la naturaleza prendas, la fortuna favores y la fama aplausos. Copió el Cielo en él todas las mejores prendas de todos los fundadores monarcas, para componer un imperio de todo lo mejor de las monarquías. Juntó muchas coronas en una y, no bastándole a su grandeza un mundo, su dicha y su capacidad le descubrieron otro. Aspiró a adornar su frente de las piedras orientales, así como de las perlas occidentales, que, si no lo consiguió en sus días, enseñó el camino a sus sucesores por el parentesco, que, donde no ha lugar la fuerza, lo ha la maña.

Fue Fernando de la heroica prosapia de los reyes de Aragón, que fue siempre fecunda madre de héroes.

Ayuda mucho, o estorba, para conseguir la celebridad esto de las familias. Secreta filosofía, manifiesto efecto de la Soberana Providencia, más favorable a unas que no a otras. Parece que se heredan, así como las propiedades naturales, así las morales, los privilegios o achaques de la naturaleza y fortuna.

Casas hay que llevan consigo hereditaria la felicidad, y otras la desdicha. La de Austria ha sido siempre felicísima, prevaleciendo eternamente contra todas las máquinas de sus émulos.

La de Valois, al contrario, en Francia, ha sido desgraciada, no perdonando esta infelicidad aun a las privilegiadas hembras.

Otras prosapias hay belicosísimas por naturaleza y por afición, como lo es la de Borbón, seminario de valerosos caudillos, cuya mezcla con la de Austria prometen en nuestro Serenísimo Príncipe de España, con la felicidad, el valor para ser monarca del Universo. Sea oráculo su real nombre

BALTASAR REY,[15] compuesto de las cuatro vocales, que dan principio a todas las cuatro partes del mundo, en presagio de que su monarquía y su fama han de ocuparlas todas.

La familia de los Césares en Roma fue estéril de sucesores, tanto en calidad como en número, ordinario castigo de la tiranía.

Casas hay cuyos príncipes tardan en hacerse, pero, en despertando una vez, recompensan la tardanza de los principios con un prodigioso exceso en los progresos.

La casa de los reyes de Aragón fue de príncipes eminentes en el gobierno. Todos a una mano selectos, políticos, sagaces, belicosos y prudentes, felicidad rara y envidiable de todos los demás reinos.

Nació y criose, no en el ocio ni entre las delicias del rey don Juan, su padre, sino en medio de sus mayores aprietos. Las luminarias de su nacimiento fueron rayos de las bombardas, y los regocijos de la Corte fueron triunfos de las multiplicadas victorias.

Príncipe niño, se vio cercado en el castillo de Girona con la reina doña Juana, su madre, aquella castellana amazona que capitaneó tantos ejércitos en Navarra, Aragón y Cataluña. Contra un niño y una madre hubo día en que se fulminaron al castillo cinco mil balas, pero, como la fénix, salió triunfante de este incendio, que todos los reinos parece que se conjuraron contra Fernando niño para sujetárse le después muy hombre.

De una heroica educación sale un heroico rey. Dura en la vasija largo tiempo el buen o mal olor del primer licor que tuvo. Ensaya el águila su generoso polluelo para ser rey de las aves a los puros rayos del sol. Críese un príncipe mi-

---

15 Don Baltasar Carlos, hijo de Felipe IV, murió adolescente.

rando siempre al lucimiento, a los brillantes rayos de la virtud y del honor.

Le ayudó mucho a Enrique IV, el de Francia, para ser rey, y gran rey, el haber sido trasladado de la cuna al pabellón.[16]

Más gloriosas fueron las abarcas del aragonés don Sancho que el zapato de ámbar de otros príncipes, pues éstos paran en asquerosos muladares y aquellas en majestuosos timbres.

Desamparó al niño Jaime, famoso conquistador de Aragón, su mismo padre el rey don Pedro; aborreciole aun antes de engendrarle y arrojole después; al que no quisiera haberle dado el primer ser de naturaleza, no quiso darle el más principal de la educación, y aquí estuvo su mayor dicha, pues sustituyendo el valeroso caudillo, el Conde Simón Monforte[17] le fue padre y ayo juntamente, que se han de criar los propios hijos como extraños, y los extraños como propios: la primera gala que se puso fue el arnés, y aquellos tiernos infantiles miembros que aún no sabían andar iban ya crujiendo la malla y la loriga.

De esta suerte se criaron todos los célebres monarcas: esta es la educación de los héroes.

Creció Alejandro al ruido, no de las fiestas y entretenimientos, sino de las hazañas del rey Filipo, su padre, alimentándose de envidia, saciándose de emulación. Hijo fue del mayor rey de la Grecia y alumno del mayor filósofo del mundo,[18] para ser el primer monarca magno.

Presidió Fernando, siendo de menor edad, a las Cortes de Aragón en Zaragoza, supliendo la capacidad muy de hombre

[16] *pabellón*: "tienda de campaña en forma de cono" (Diccionario de la Real Academia Española, DRAE).

[17] Simón de Monfort lideró la cruzada de los albigenses.

[18] Aristóteles, que fue preceptor de Alejando Magno.

la edad muy de niño. Escarmentaron padre e hijo en el príncipe don Carlos de Viana,[19] aquel para confiar más de su segundo hijo, y este para saber unirse y aunarse con su padre.

Socorrían los emperadores romanos su cansada vejez con ir introduciendo en césares sus hijos, y, cuando no los hallaban en la naturaleza, los buscaban en la adopción. De esta suerte el sabio Nerva adoptó al valeroso Trajano. Hacían un cuerpo entrambos; aquel era cabeza y este brazos, repartiéndose las facultades: el viejo la prudencia y el mozo el valor. Y lo que recababa la confianza en los extraños, ¿por qué no lo ha de pretender la naturaleza en los propios?

El amor o el recelo paterno es un fatal escollo donde dieron al traste muchos sucesores. Sepultaron en Francia a Carlos el Inepto, aun antes de nacer, entre pegajosas delicias, con que siempre fue rey muerto. La afición o la desconfianza les ha inventado ya a los príncipes otomanos la dulce cárcel de los entretenimientos, de donde nunca más acertaron a salir. Porque no aspirase temprano al mando Dionisio el Segundo de Sicilia[20] lo criaron como a otros muchos, de suerte que, después, ni aun tarde, fueron capaces dél.

Todas las artes se aprenden, y en todos los mecánicos empleos, aun en los más fáciles, hay tiempo de aprendices. Solo al real, siendo el más arduo, se le hurta esta común providencia. «No hay cosa más dificultosa, decía Diocleciano, que imperar bien».

Entran algunos a ser reyes sin arte ni experiencia. Hallose de repente Nino el Segundo, el hijo de Semíramis, empeñado en el dificultoso gobernalle de un cetro. Viose

19 Príncipe de Viana (1421-1461)
20 Tirano de Siracusa en el siglo IV antes de Cristo.

Childerico, el francés, en medio de un océano político y no en leche, sino en sangre, y tal vez en pura hiel.

El riesgo grande, la experiencia ninguna. Concibió con esto don Sancho el Segundo de Portugal horror al oficio y, lo que es peor, desconfianza de sí, y, remitiendo todos éstos el trabajo, vinieron a quedarse con solo lo gustoso y el título de reyes, hasta perderlo también.

Entregó Fernando la juventud a la milicia y la senectud a la política. Atendió en sus primeros años a conquistar, en los postreros a gobernar.

Piden las edades sus empleos: compete el valor a la mocedad y la prudencia a la vejez.

Ejercítanse las armas en la lozanía y ferviente edad con facilidad, y con felicidad también: dictamen del insigne Marqués de Mariñano,[21] ponderado en otra ocasión.

Envidiaba Trajano a Alejandro el haber comenzado a reinar mozo, no por ambición del mando, sino por emulación de la suerte. Acabáronseles a muchos con los floridos años los felices sucesos, y perdió Pompeyo en la vejez cuanto adquirió en su gallarda mocedad.

Requieren las armas un grano de temeridad que no se encuaderna con la madurez; lo muy considerado de la mayor edad detiene el brío, enfrena la osadía, y nunca los muy prudentes fueron grandes batalladores.

Depuso presto el arnés el prudente de los Filipos de España.[22] Pero Alejandro, con su temeridad, conquistó más que todos los reyes juntos con su mucho tiento. El determinado César triunfó con su mucha audacia de la mucha prudencia del Senado.

[21] Juan Jacobo de Médicis, marqués de Mariñano, que luchó en los ejércitos de Carlos V.
[22] Felipe II.

Ni es la menor de las conveniencias ocupar las armas la deleznable mocedad y escaparla, sino de los vicios de la negligencia.

Apetece la vejez todo lo contrario, ama la paz, porque el sosiego da leyes, reforma las costumbres, compone la república, establece el imperio.

Comenzó por rey de Sicilia, ilustre agüero de su gran cosecha de coronas. Entró luego en Castilla, empresa más ardua que las de Alcides,[23] aunque entre la hidra con sus siete cabezas. Viose luego el exceso de su capacidad, la grandeza de su valor y conociose que había de ser un prodigio político.

La llave de un feliz y acertado reinado consiste en el arrancar y, permítaseme decirlo así, en acertar a encarrilar. Por donde comenzó a correr el caudaloso río, por allí prosigue, que después es género de imposible el mudarle la corriente.

Tienen los reyes grandes contrarios a los principios de su gobierno. Toda prudencia, toda atención, toda sagacidad, aún no es bastante en este dificultoso punto. En las entradas de los caminos es el riesgo de errarlos, que, acertados una vez, con facilidad se prosiguen.

Comenzó el que hoy es rey de la gran China[24] con opinión y aun alarde de prendas superiores, a la expectativa de sus atentos vasallos, pero luego lo enviciaron, unos por un fin y otros por otro, y echaron a perder el mejor rey que hubiera eternizado la fama.

Conciben grandes esperanzas los vasallos del sol que amanece, y prométense siempre que ha de ser mejor el que

23 Sobrenombre de Hércules.
24 Tsung-Te.

comienza que el que acaba, por bueno que haya sido. Fue recibido Fernando a deseo de gran rey, y no solo satisfizo, sino que colmó estas bien fundadas esperanzas; previó que los que procuraban que fuese rey de Castilla no lo hacían porque mandase él; mas, cebándoles en esta su engañada ambición, valiose de sus intentos para revolver después contra ellos y, vencidos unos y otros, fue rey, rey.

Estimó los dictámenes del rey don Juan, su padre, prevaleciendo la prudencia especial a la común inclinación.

Notable propensión es en los príncipes seguir todo lo contrario del pasado o por novedad o por emulación, y reina esta pasión, no solo en los extraños sucesores, sino en los propios hijos, que pudo la naturaleza unir las sangres, pero no los juicios; herédase tal vez el gesto, pero nunca el gusto.

Si esta connatural oposición se declarara contra los desaciertos, fuera loable, pero que se atreva a la mayor hazaña, mayor monstruosidad.

Que abomine Vespasiano y borre las huellas de Vitelio y los demás monstruos sus predecesores, es restaurar el imperio, es desagraviar la virtud.

Pero que Adriano condene los esclarecidos hechos de Trajano, el mejor emperador que adoró Roma, y llegue a tal extremo de disentir, que estreche los términos del Imperio por estrecharle la fama, derribe la celebrada puente del Danubio por derribar su memoria, no es emulación, sino atrocidad.

Aprobarlo todo suele ser ignorancia; reprobarlo todo, malicia; que, porque el pasado fue guerrero el sucesor haya de ser necesariamente pacífico, y esto, no por conveniencia, sino por nativa oposición, no es regla de política.

El mal es que, en lo bueno y en lo heroico, tienen algunos por imperfección la imitación; mas en el vicio se compiten a porfía. Vanse encadenando los príncipes ingloriosos, pero los heroicos son raros y singulares. A un delicioso Tiberio sucede un detestable Calígula; a este, Claudio incapaz; a Claudio, el perverso Nerón; de suerte que van en tropa encadenándose los malos; pero a un Augusto, a un Trajano, a un Teodosio, luego los pierden de vista, no hay quien prosiga en imitarlos.

Sorteó Fernando monarquía augusto, recíproca felicidad de parte del príncipe casar con monarquía igual a su capacidad y valor; de parte de la monarquía, alcanzar esposo igual a su grandeza y poder.

A una pequeña planta, cualquier pequeño vaso le es campo espacioso; un árbol gigante, una empinada palma, un descollado cedro, hállase violentado en la vasija estrecha: no puede espaciarse, no puede campear.

Si un Carlos Manuel de Saboya[25] hubiera sorteado un imperio tan grande como su generoso espíritu, hubiera dejado atrás al mismo César; violentose a la pequeñez de un corto estado y, de un sol que podía ser, se malogró a una pequeña estrella.

Insufrible tormento es de un ánimo heroico ver que no alcanzan las fuerzas de su reino a las de su valor, y gran dicha no tener que envidiar la ajena monarquía.

Codició tal vez Enrico IV de Francia el valor de los españoles.

Por lo contrario, es grande infelicidad de una monarquía no tener esposo igual a su calidad y poder. Desestímale por incapaz a Vladislao II Polonia; aborrécelo por vicioso a Favila España. Y a un rey desacreditado, ni sus vasallos le

---

[25] Duque de Nemours que firmó un acuerdo con Enrique IV de Francia en contra de los intereses de Felipe III de España.

acuden, ni los contrarios le temen. Las grandes y dificultosas monarquías piden príncipes grandes en la capacidad y en el valor, y el de prendas grandes campea más en la monarquía grande. Nada le debió a César el valeroso Carlos de Borgoña, y nada debió a Octaviano el Grande Cosme de Florencia, que, si fueron más celebrados aquellos, no fue por ser mayores hombres, sino por ser mayores príncipes.

Cuando el monarca no es igual a la monarquía por defecto de la edad, aunque fue siempre peligroso y principio de su ruina, como en Arcadio,[26] con todo esto lleva lo mejor, que se mantiene con la esperanza, pero cuando por naturaleza Alejo IV el Griego[27] no lo es, da en desesperación.

Grande suerte es la recíproca igualdad, y como un linaje de casamiento que depende de lo alto. Y, cuando no la hubiere, vale más que peque por exceder el rey a la monarquía que no al contrario; pero el príncipe guárdese entonces de mostrar desestimación, que a César le costó la vida.

Pareciéronle a Fernando estrechos sus hereditarios reinos de Aragón para sus dilatados deseos; y así anheló siempre a la grandeza y anchura de Castilla, y de allí a la monarquía de toda España, y aun a la universal de entrambos mundos.

Reinó en creciente de imperio, que ayuda mucho a la plausibilidad de un monarca; depende mucho la grandeza o la pequeñez de un rey del estado de la monarquía, que va mucho del reinar en su creciente al reinar en su menguante.

La juventud lozana y vigorosa engendra hijos robustos y esforzados, pero la vejez, destituida de sus antiguas fuerzas, falta del calor nativo y cercada de achaques, produce hijos débiles y flacos.

---

[26] Flavio Arcadio, emperador romano de Oriente, desde 395 a 408.
[27] Alejo IV Ángelo, emperador de Bizancio de 1203 a 1204.

Fueron comúnmente en todas las monarquías insignes reyes los primeros porque todo les ayudaba a la virtud; un valeroso Rómulo, un Numa feliz, un belicoso Hostilio, un integérrimo Anco, un sagaz Prisco y un político Sergio fueron las primicias de la monarquía romana. Duró más la excelencia en sus reyes que en sus emperadores, porque aquellos eran hijos de su gallarda juventud, éstos de su cansada vejez; aquellos vencían, éstos triunfaban.

Florecen en los principios el cuidado y el valor, entra después la confianza, síguela la flojedad y rematan con todo las delicias.

Iban sucediendo los esclarecidos reyes francos en su florida monarquía, con empeños de toda virtud, después del ínclito Clodoveo. La fama fresca de Childeberto solicitaba a los Clotarios, y la de estos a Dagoberto; mas poco a poco fue descaeciendo el valor, hasta amenazar ruina en el delicioso Childerico. De estas cenizas muertas renació en Carlos Martel.[28] Volvió en sí el valor gálico en Pipino y llegó a su mayor pujanza en Carlo Magno, pero, ¡oh, inestabilidad de las cosas humanas!, viose segunda vez a pique en Carlos, llamado el Simple, y más en Carlos el Inepto. Aquí se declaró la especial Divina Providencia por este cristianísimo reino, pues proveyó de Hugon Capeto, que restauró para muchos siglos la monarquía, continuándose su felicidad en tantos famosos reyes, unos santos, otros valerosos y otros sabios. Émulo de tantas glorias, Luis XIII, restaurador invicto de las Galias, ha desterrado de toda la Francia la herejía, y se confiesa que ha de ahuyentar de todo el mundo la infidelidad, que quien comenzó persiguiendo los herejes debe acabar contrastando los mahometanos.

[28] Reyes de los francos.

Dura por algún tiempo aquel primer calor nativo con que se formó el político cuerpo de un imperio; permanece aquella sustancia radical del poder, de la prudencia y del valor. ¿Quién pudo detener el ímpetu con que arrancó la felicidad otomana, creciendo siempre desde Otomán, su primer príncipe hasta el afortunado Solimán? [29]Descaeció ya en el segundo Selim,[30] contrastada de un Pontífice santo, resistida de un monarca católico. Creció con las discordias de los príncipes cristianos y con las mismas se conserva; pudo una breve Santa Liga enfrenarla victoriosa, cuánto más acabarla descaecida.

Es la Providencia suma autora de los imperios, que no la ciega vulgar fortuna. Ella los forma y los deshace, los levanta y los humilla por sus secretos y altísimos fines; los fieles para centro de su gloria, los infieles para emulación de aquellos y castigo, resplandeciendo siempre en unos y otros la armonía prodigiosa de su saber y poder.

Fue siempre gran ventaja suceder a la corona fragante, como Jerjes[31] a la cidaris[32] y empuñar el cetro floreciente, como Dagoberto[33] el de los lilios.[34]

Suma infelicidad de un príncipe llegar a la monarquía ya postrada, caído el valor, valida la ociosidad, desterrada la virtud, entronizado el vicio, las fuerzas apuradas, la reputación fallida, la dicha alterada, todo envejecido, y, como casa

[29] Sultán otomano del siglo XVI que llegó hasta las puertas de Viena.

[30] Selim II, llamado el Borracho e hijo de Solimán , careció de las dotes militares de su padre.

[31] Jerjes I, rey de Persia del siglo V antes de Cristo.

[32] *cidaris*: la tiara que llevaban los reyes persas como símbolo de su poder. Consistía en un gorro con una corona.

[33] Dagoberto: rey franco del siglo VII.

[34] Las flores de lis del escudo de Francia.

vieja, amenazando por instantes la total ruina, si no es que
la ocasión esté aguardando el caudal de un Vespasiano, de
un Claudio Segundo que la restauren, el valor de un Pipino
y de un Hugon Capeto que la renueven, que las ocasiones
que a los grandes hombres los encumbran, a los enanos son
tropiezos que los despeñan. Lo ordinario es adolecer el príncipe de los mismos achaques de la monarquía, que antes se
le pegará el letargo al sano que la salud al enfermo; en este
mísero estado estaba España cuando entró a reinar en ella el
desdichado Rodrigo, príncipe de más que medianas prendas, mas entró en el reino como en un golfo de vicios y delicias, acabado ya el antiguo valor godo de sus Alaricos, Ataúl-
fos, Sisebutos, Recaredos, Sisenandos, Suintilas y Wambas.
Todo estaba arruinado, hasta las materiales defensas, mina-
das las costumbres por la torpeza y desidia de Witiza.

Es grande la fuerza del deleite, grande la violencia del
vicio, y, aunque un príncipe, un Magno el Segundo de
Suecia, sea de generoso natural, un Nerón de heroica
educación, les contrastan las delicias, y poco a poco vienen
a enviciarlos y a perderlos.

Solo en Aragón faltó esta dependencia del estado de la
monarquía, porque fueron extravagantes[35] sus reyes, todos a
una mano esclarecidos desde Ramiro el Primero, y aun desde
García Jiménez, hasta el Católico Fernando, ninguno fue
incapaz, ni delicioso,[36] y, al contrario de otras monarquías, el
último fue el mejor; creció la virtud con impulso natural en
sus reyes, que es mayor en el fin que en el principio.

Depende también, y mucho, el salir un príncipe perfecto
de la nación entre quien mora. Naciones hay que echan a

[35] Extraordinarios.
[36] Inclinado a los placeres o delicias.

perder sus reyes y otras que los ganan. Los deliciosos asirios pegábanles con facilidad a sus reyes sus afeminadas inclinaciones, si merecen llamarse así ocho monstruos, predecesores de Sardanápalo. Pero los lacedemonios, templados y prudentes, con el trato y con el ejemplo inclinaban sus heroicos reyes a todo género de virtud. Los persas, dados a toda manera de vicio y gastos excesivos en el comer y en el vestir, enviciaban sus reyes de suerte que no les bastaba toda el Asia para su inútil y vana suntuosidad. Al contrario, los macedones, parcos y ajustados, sacaban príncipes tales, que, lo que les faltaba de fausto y ostentación, les sobraba de grandeza de ánimo.

Esta es la causa de haber habido en unas naciones reyes tan singulares, y en otras tan comunes. Cada uno de los ricos hombres de Aragón era espejo de su rey, era un ayo ejemplar de su príncipe. Nación, al fin, propia para oficina de heroicos reyes.

Tuvo Fernando grandes virtudes de hombre, y en sumo las de rey. Amontonaron prendas los que emprendieron componer un príncipe perfecto, que es fácil el disputarlas y no lo es el conseguirlas.

Tuvieron algunos grandes virtudes de hombres y grandes vicios de reyes. Religiosísimo fue Graciano,[37] pero más para una celda que para la silla imperial. El aragonés Ramiro y el portugués Enrico[38] eran más para el coro que para el trono.

Al contrario, otros tuvieron grandes virtudes del rey y grandes vicios del hombre; en Alejandro y César compitieron a extremos. El batallador don Jaime tuvo algunos descuidos

[37] Emperador de Occidente entre 375 y 383, prohibió las ceremonias paganas en Roma.
[38] Enrique de Portugal, apodado el Piadoso y el cardenal.

de hombre y heroicos desvelos de rey; de diez años, empuñó el cetro con valor de treinta, con madurez de ciento.

Las prendas reales son sublimes y de orden superior; llenaron grandes vacíos de otras en el rey don Dionís de Portugal.[39] Será siempre celebrado Enrico IV de Francia, porque fue insigne en la parte de rey.

Las virtudes del oficio tenía el magnánimo de los Alfonsos por las primeras en solicitud, así como en el aprecio. ¿Qué importa que sea el otro Alfonso gran matemático, si aun no es mediano político? Presumió corregir la fábrica del Universo el que estuvo a pique de perder su reino.[40]

Los elementos, aunque tienen las demás calidades en una medianía, pero las propias en sumo, y aunque sea positivo en todo lo demás; el godo Wamba se disimula, porque es rey superlativo. Con solo esto desmintieron mucha barbaridad los Otomanos; hablo de los primeros, menos y más que hombres, por lo inculto y por lo valeroso.

Limitada perfección cualquiera de estas, que un príncipe cabal, un Otón emperador, un Clodoveo francés, un Fernando III de Castilla, de entrambas se componen; y no sin providencia ni sin ejemplo, la sabia naturaleza depositó todas las facultades de la vida en la cabeza.

No excluían las prendas de rey, en el grande emperador Rodolfo el Primero,[41] a las del hombre, antes se favorecían. Evidente fundamento, porque entre solos los príncipes cristianos ha habido algunos perfectísimos, y queden condenados los dos impíos políticos por ciegos o mudos.

El mejor de los gentiles fue Trajano, tan insigne, que parece lo envidiaron los católicos al gentilismo, y muchos Padres de

[39] Dionisio I de Borgoña, sexto rey de Portugal.
[40] Alfonso X el Sabio.
[41] Emperador de Alemania en el siglo XIII.

la Iglesia, si no con la realidad, lo redimieron de la última infelicidad con el afecto. Pero ¿qué tiene que ver con el católico Teodosio? Le igualó este en lo excelente de las virtudes y le excedió en la pluralidad. Solicitaba Trajano las honras, y Teodosio los méritos; aquel los triunfos, este las victorias. Le ganó en la templanza del ánimo y del cuerpo, hijo al fin de aquel gran Arzobispo de Milán, acostumbrado a engendrar para la Iglesia hijos gigantes en el uno y en el otro estado.

Fueron consumados Enrico[42] entre emperadores y Luis[43] entre reyes, en desempeño de que no se embaraza lo santo con lo real.

Opuesta infelicidad ni tener prendas de la persona ni realces del empleo. Fueron príncipes muchos para solo acrecentar el número. Uno de ellos fue Claudio, de quien dijo Séneca que nadie supo que había dejado de ser porque nadie supo que había comenzado a ser. Viviendo Carlos el Simple o Incapaz, en Francia, pasaba ya plaza de muerto. Y pudiendo Amurates y Mahometo,[44] entrambos terceros, ser fácilmente hijos del algo, y aun del mucho, fijaron su felicidad en la nada.

Pero aun es este tolerable extremo; mayores monstruosidades hay; llenar un príncipe el vacío de las virtudes de abominables vicios es rematar con todo. Execrable portento fue Nerón, anfibio entre hombre y entre fiera; los seis primeros años compitió con el mejor príncipe, y los seis últimos con el peor. Previno el Cielo un oráculo de prudencia para

---

42 Enrique II del Sacro Imperio Germánico, fue elegido emperador en 1002.

43 Luis IX de Francia, conocido como san Luis, fue proclamado emperador en 1226.

44 Sultanes otomanos en el siglo XVI. Mahoma III fue hijo de Amorates III.

maestro de un monstruo de maldad; mas poco aprovechó la enseñanza donde repugnó la naturaleza. ¡Y cuál hubiera sido, a no haber tenido un Séneca por Quirón! [45]

Sacole de la infamia Heliogábalo,[46] aquel que aun de bruto degeneró, y de quien la misma memoria se afrenta. Tuvieron entrambos abominables vicios de hombres y de reyes; pecaron a entrambas manos.

Son eternos los yerros de los príncipes, nacen comúnmente en lo más oculto de sus palacios, y luego vuelan a las plazas. Erraron en un instante para siempre, y la momentánea inadvertencia suya queda condenada a la perenne noticia de todos los venideros.

Poco es menester que falte para ser un ente imperfecto, y todo es menester que sobre para ser perfecto, y más cuando entre los órdenes de las cosas es de más noble categoría, como lo es un rey.

Las virtudes o los vicios del oficio son muy visibles, y por eso más notables. Llámanse los yerros por antonomasia cargos porque los de la obligación son los que menos se disimulan.

Exageraron en Fernando algunos ligeros achaques los extranjeros, como interesados, y como si en él fueran culpables, porque prevaleció, los que en sus príncipes excusables, porque le cedieron. Si faltó, no fue por faltar, sino por contemporizar efectos de la ocasión, no del vicio; llevábalos el tiempo. Arguye contradicción que los extranjeros le atribuyan todo lo malo y los españoles le nieguen todo lo bueno; aquellos le acumulan las culpas, éstos le usurpan los aciertos.

---

[45] Quirón es un centauro con fama de médico sabio y prudente de la mitología griega.

[46] Emperador romano del siglo III.

Notáronle también los propios algunas faltas, que no demasías. Lo cierto es que, lo que en él un reino parecía extremo, en el otro, un medio muy ajustado. Templó con su moderación la prodigalidad de dos reyes sus predecesores, y, si fue templado para con los otros, mucho más para consigo: será siempre plausible su manga de terciopelo y el jubón de raso de su Católica reina. No quiso retractarse en las mercedes, como el rey don Dionís de Portugal, ni que se las retractasen sus sucesores, como a Juan emperador, y a otros.

Fue universal en talentos, y singular en el de gobernar. Gran caudillo, gran consejero de sí mismo, gran juez, gran ecónomo,[47] hasta gran prelado, pero máximo rey.

No tienen algunos por gran príncipe sino al que fue gran caudillo, gran batallador, estrechando el empleo universal de un monarca al especial de un capitán, confundiendo el del superior con el de un inferior. La eminencia real no está en el pelear, sino en el gobernar. Gran prenda del gran Felipe IV, que, aunque universal en eminencias, de juicio máximo, de ingenio relevante, de valor heroico, se ha extremado en el gobierno, violentándose, y como hurtándose a la natural belicosa inclinación, juzgando esta por el ápice de las reales prendas y blasón propio de un perfecto rey.

Excelente capitán fue Aureliano, pero no excelente emperador. Insigne batallador fue, Carlos el de Borgoña, pero no fue insigne gobernador. Conociolo en sí mismo el tirano Saturnino,[48] al ponerle la violenta corona. «Hoy, digo, comilitones, habéis perdido un buen capitán y habéis hecho un mal príncipe, que no cualquiera es apto para todo». Heroica prenda es el militar valor en un rey; álzase con la plausibi-

---

47 Persona que administra los bienes.
48 Emperador romano.

[123]

lidad. Consiguieron la inmortal reputación el cristiano don Jaime[49] y el turco Mahometo,[50] por lo guerrero y afortunado, pero, bien examinado al político rigor, el oficio de un rey no es ser capitán, que a mucho más se extiende. Es universal la obligación, abarca muchas eminencias. De un consumado rey, de un príncipe perfecto, de un Trajano, de un Carlo Magno, de un don Fernando el Católico, se pudieran hacer cien hombres famosos si se hubieran de repartir sus atributos, si se hubieran de dividir sus prendas.

Todos los empleos que tenía repartidos la gran República romana en tantos selectos varones, cónsules, dictadores, tribunos, censores y prefectos, se vinieron a unir en solo un César, que todo lo ha de ser un príncipe, por obligación y con eminencia.

Nunca se ha de entregar todo a un solo empleo, que sería hurtarse a los demás; y de tal suerte se dejaba llevar de la belicosidad el gran Luis de Francia, que no perdía de vista la justicia, la religión, el gobierno, la economía y las demás obligaciones reales.

Guerreando en una provincia Carlo Magno, atendía a la paz, al aumento y a la felicidad de las demás. Peleando en la Germania, instituía la célebre Universidad de París y el gran Parlamento de Francia.

Fueron muchos guerreros de corazón, pero destruyeron más sus reinos que los contrarios; hiciéronse primero la guerra a sí mismos, empobreciendo sus estados de oro y gente, que es la mayor y principal riqueza.

En esto fue sagacísimo Fernando, pues llenó a España de triunfos y de riquezas. Peleando en un reino, triunfaba en

---

49 Jaime el Conquistador.
50 Mahoma II, sultán de Turquía, conquistó Constantinopla en 1453.

los demás. Enriqueció a España temporal y espiritualmente. Adelantó la milicia y la justicia, aquella con ejércitos, esta con tribunales.

Gobernó siempre a la ocasión, el aforismo máximo de su política. Corresponder el genio del príncipe al estado de la monarquía es suerte; violentarse, o templarse con él, prudencia. Tiene lo primero la ventaja de connatural, y con la facilidad asegura la duración; merece lo segundo la gloria de la industria.

Pero el ajustar el príncipe su inclinación a la disposición de la monarquía es preciso, o por naturaleza o por arte.

En un tiempo se desea un príncipe guerrero, y en otro un pacífico; la infelicidad está en trocarse las veces, en encontrarse las contingencias.

Le cupo a Francia un sosegado Childerico[51] cuando se deseó un Marte por rey, y, al contrario, un belicoso Francisco[52] cuando su reino y toda la cristiandad florecieran con su quietud.

Hubieran sido muchos reyes hijos de la fama a haberlo sido de la sazón, que da el punto a las acciones, y más a las reales.

Vino a la monarquía, a cosa hecha, el portugués Sebastián;[53] no halló ya empleo connatural su generoso espíritu; búscolo violento, que, a venir algunos siglos antes, él fuera otro César y Lisboa otra Roma. ¡Oh, príncipe digno de mejor tiempo!

[51] Childerico III (714–761) fue el último rey franco de la dinastía Merovingia. Fue ascendido al trono de Austrasia y Neustria por el mayordomo de palacio Pipino el Breve. En el 751, Pipino quiso hacerse con el trono franco y le destronó.

[52] Francisco I de Francia.

[53] Rey de Portugal, intentó conquistar Marruecos y murió en la batalla de Alcazarquivir.

Este es el fundamento de la grandeza a que llegó la monarquía otomana, que, en su pujante creciente, sorteó príncipes ajustados al estado, nacidos a la ocasión, con emulación y valor continuado. A un conquistador Mahometo sucedió un Bayaceto afortunado; a este, el valeroso Selim; y a Selim, un astuto Solimán, sin dar lugar, entre tanta variación de cetros, ni a mudarse la fortuna, declarada en su favor, ni a entibiarse el valor militar acreditado.

Que cuando las armas van con calor, la reputación de aplauso, la braveza militar en su fervor, la fortuna favorable, suceder un príncipe remiso o incapaz es resfriarlo todo.

Sacudieron con tanta presteza los aragoneses el vergonzoso yugo africano, por el continuado valor de sus famosos reyes, y pudieron ir a ayudar a sus vecinos y aun a acabar de echar de toda España la morisma. Íbanse heredando estos príncipes, no tanto en los estados, que eran estrechos, cuanto en el valor y la capacidad, que eran para un mundo entero.

Muere el rey don Sancho[54] la muerte de los héroes, en el más apretado trance, teniendo por una parte cercada una incontrastable ciudad, llave de sus reinos, puerta de sus cristianas conquistas, y aguardando por otra en su socorro un ejército de reyes. Mas sucédele el invicto don Pedro,[55] su hijo, príncipe de ocasión, que no solo suplió, sino que mejoró la pérdida de su padre. Empuñó la espada en vez de cetro, sedienta de sangre infiel, y vengó bien el fatal dardo paterno, pues, por un rey muerto, segó tantas coronadas cabezas, que solas las advenedizas y auxiliares fueron cuatro.

---

[54] Rey de Aragón en el siglo XI.
[55] Pedro I de Aragón.

Tienen los imperios sus crecientes, y sus llenos crecen con el valor en sumo, consérvanse con una medianía, la que basta para no declinar, aunque más monarquías perecieron por falta de valor que por exceso.

Reinos hay, provincias hay, que piden en propiedad príncipes guerreros, como la belicosa Francia. Otros, al contrario, pacíficos, como Inglaterra; aunque por accidentes pueden variarse las conveniencias.

Necesitan unos de que el príncipe se decante a la justicia, y otros que a la clemencia; y en la misma república, tras un extremo, fue bien recibido el otro. Tras un don Juan el Segundo y un don Enrique pródigos en Castilla, sucedió oportuno un guardador Fernando, redimiendo dos veces la corona, primero de sus propios vasallos y después de los enemigos. Hizo célebre en Portugal la benignidad al rey don Manuel,[56] después de los rigores de su predecesor don Juan, que con esta alternación y variedad de influjos se conservan mejor los imperios.

Cuando los príncipes émulos o vecinos son marciales y guerreros, un rey cebado en los entretenimientos y delicias de la paz es fatal, es peligroso y aun desestimado. Su flojedad acrecienta el orgullo en los contrarios y la desesperación en sus vasallos, grave infelicidad cuando el ajeno rey es codiciado.

Si no es que la política, la sagacidad y el saber suplan la falta de la pericia militar. De esta suerte compitió el político Luis de Francia con el guerrero y bravo Carlos de Borgoña,[57] donde se vio cuánto más vale la maña que la fuerza.

[56] Manuel I de Avis (apodado *El Afortunado*) fue el decimocuarto monarca de Portugal. Nació en Alcochete el 30 de mayo de 1469 y murió en Lisboa el 13 de diciembre de 1521.

[57] Carlos el Temerario (Dijón 1433-Nancy, 1477). El poder del ducado de Borgoña alcanzó su apogeo bajo su reinado, pero desaparecerá en virtud del rey de Francia, Luis XI.

Concurrió Fernando con príncipes de su genio, sagaces, atentos y políticos. Son eras de reyes; acontece en un tiempo ser todos marciales y guerreros, compitiéndose el valor, emulándose la fama. Coincidieron de esta suerte en un tiempo el invicto Carlos V en España, el belicoso Francisco en Francia y el bravo Solimán en Turquía, todos tres grandes caudillos. Hubiérase apoderado cada uno de ellos del mundo todo a no haber tenido tales antagonistas: quebrantáronse recíprocamente el poder y enfrenáronse el esfuerzo.

Otras veces, todos son justos, píos, religiosos e hijos del Excelso. Un Enrico emperador en Alemania, Roberto en Francia, Canuto en Inglaterra y Boleslao en Polonia.

Otras, deliciosos, y, por el consiguiente, remisos: un Childerico en Francia, un Rodrigo en España y un Filípico[58] en el nombre y en los hechos en el imperio. Despiértanse unos a otros los reyes, y adormécense también, y, como los coronados pájaros domésticos, se provocan al canto o al silencio. Hasta en la crueldad se compitieron, así como en el nombre se equivocaron los tres Pedros en España. [59]

Contemporizó Fernando con la política de un Luis XI, con la prudencia de un primer Maximiliano, con la sagacidad de un Alexandro VI, con la astucia de un Ludovico Moro; les dio por su comer a cada uno, y se alzó al cabo con la ganancia.

Fue era de políticos, y Fernando el catedrático de Prima. Digo, político prudente, no político astuto, que es grande la diferencia.

[58] Filípico Bardanes fue un emperador bizantino que reinó a principios del siglo VIII. Fue depuesto por los soldados de Opsikion, que lo dejaron ciego.

[59] Pedro I de Castilla, Pedro IV de Aragón y Pedro I de Portugal.

Vulgar agravio es de la política el confundirla con la astucia: no tienen algunos por sabio sino al engañoso, y por más sabio al que más bien supo fingir, disimular, engañar, no advirtiendo que el castigo de los tales fue siempre perecer en el engaño.

Dos ídolos, dos oráculos de la política veneran los estadistas: a Tiberio y a Luis; encarecen su disimulación, exageran su artificio; mas yo atribuyo esta reputación de políticos más al comento de sus dos escritores, que fueron Tácito y Comines, que al acierto de sus hechos.

Siempre tuve por inútil, y aun infeliz, toda su máquina política, pues los trajo a entrambos a términos de perder sus dos coronas: a Tiberio, por desprecio; a Luis, por aborrecimiento. Lo que no pudieron por reputación de prendas, pretendieron conseguir por la afectación; y lo que debieran por el amor de sus virtudes, intentaron por el horror de sus crueldades.

Llegó Tiberio al extremo de la desesperación; dejáronle todos con el afecto, y él mismo se condenó al destierro de una isla. Murió en vida, que es muerte intolerable; ventaja fue en Calígula y Nerón quedar muertos, para no sentir los póstumos agravios; pero Tiberio quedó muerto para la autoridad y sensible para el desprecio.

No es saber aquel de quien degeneran los efectos. Son las obras prueba real del buen discurso. Política inútil la que se resolvió toda en fantásticas sutilezas, y, comúnmente, cuantos afectaron artificio, fueron reyes de mucha quimera y de ningún provecho.

¡Cuánto mejor político fue Luis Nono que el Undécimo, franceses entrambos, sin tanta metafísica ni máquina! Sacó el Santo Rey la connatural guerra de Francia y echola sobre

los enemigos del Señor, con gran gloria del cristianísimo
renombre; sacola él, y volviéronla sus sucesores, sin haber
vuelto a salir jamás, ya de los propios, ya de los cristianos
confines, con tan poco fruto como felicidad, que, a haberla
proseguido, estuviera ya olvidado en toda Europa, en África
y en Asia el nombre de Mahoma. ¡Oh, punto digno de
observarse, y de lamentarse también! ¡Que esté hoy
ardiendo en guerras el cristianismo y descansando todo el
paganismo! ¡Bañada en sangre la Cristiandad y en rosas la
Infidelidad!

La verdadera y magistral política fue la de Fernando,
segura y firme, que no se resolvía en fantásticas quimeras.
Útil, pues le rindió reino por año. Honesta, pues le mereció
el blasón de Católico. Conquistó reinos para Dios, coronas
para tronos de su Cruz, provincias para campos de la Fe, y,
al fin, él fue el que supo juntar la tierra con el Cielo.

Fue rey de prendas y de ocasiones, cortadas estas a la
medida de aquellas. Tuvieron algunos príncipes excelentes
prendas, pero faltáronles las ocasiones de emplearlas. Al
contrario, otros tuvieron las ocasiones y faltáronles los
talentos, que no sé cuál condene por mayor infelicidad. No
las afectó Fernando, ni las violentó; su dicha le convidaba
con ellas. Andan algunos a caza de ocasiones, sacando de
sus quicios el universo, y al cabo los oprime su dolencia.

Su mayor prenda, y el sol de las demás, fue una prodigiosa capacidad, fundamento seguro de una real grandeza.

Será feliz el mundo (dijo Platón, y apreció Valerio)
cuando comenzaren a reinar los sabios, o comenzaron a ser
sabios los reyes. El primario real constitutivo es una gran
capacidad, y rey de mucha capacidad, rey de mucha sustancia. Llamose la cabeza así, no de la material cavidad, sino

del comprender. Eslo el príncipe del reino: luego su mayor atributo ha de ser el abarcar, el entender.

La capacidad constituye personas; la incapacidad, monstruos; aquella, un César que funda la monarquía; esta, un Galieno que la pierde; aquella alienta un Ciro a las gloriosas fatigas; esta, un Darío al ocio y al descanso; y así de la una brotan prendas en Pelayo, de la otra siniestros en Rodrigo; de la una hazañas en Rómulo, de la otra abominaciones en Tarquino.

Todos los grandes reyes, eternizados en los archivos de la fama, en los inmortales catálogos del aplauso, fueron de gran caudal, que sin este no puede haber grandeza.

Nace, no se adquiere, el dado óptimo, el don perfecto, que desciende del Padre de las ilustraciones. Bien que crece con la industria y se perfecciona con la experiencia.

Es la capacidad el fundamento de la política, aquella gran arte de ser rey, que no hace asiento sino en los grandes juicios: en un Luis XI de Francia, en un Matías Corvino de Hungría,[60] en un Maximiliano emperador, en un Esteban Bator de Polonia y en un Fernando de España.

Es la capacidad seno de la prudencia, sin la cual ni el empleo, ni el ejercicio, ni los años, sacan jamás maestros. Con ella los mancebos son ancianos, y sin ella los ancianos son mancebos. Le mereció a Otón III[61] el superlativo de los renombres, digo, el ser llamado «Milagro del Mundo», porque de once años fue elegido emperador, y desempeñó bien los sufragios; suplían las canas los aciertos, y admiraron todos un siglo de madurez en dos lustros de su edad.

---

[60] Rey de Hungría a finales del siglo XV, llamado el bueno, el sabio, el justo.
[61] Emperador del Sacro Imperio a finales del siglo X.

Pero donde se extremó el de una gran capacidad fue en Semíramis,[62] la que fundó a Babilonia, la que mandó el Asia: cuarenta años imperó en fe de que era varón. Empeñose en ser hombre, y depuso con los arreos mujeriles los achaques; pero nunca bastara el traje a disimular el sexo si no lo desmintiera el caudal.

Es la capacidad la otra columna, que, ladeada del valor, aseguran entrambas la reputación, y, en competencia, ganó siempre la primera. Por ella fue llamado sabio Carlos V el francés, no por estudios, ni ciencias, sino porque supo reinar, que es el verdadero saber en los reyes; sin vestirse el arnés, recuperó toda la Francia, ya casi toda ajena, y, sin desamparar el trono real, rechazó a su Britania los ingleses.

Mas para esto es menester un caudal sumo: la inteligencia de un Justiniano, la política de un Luis, la prudencia de un Felipe II. Que querer Galieno, no igualándoles en el saber, excederles en la inmovilidad, es querer guardar el palacio, mas no el imperio.

Del saber y del valor se adecua un príncipe perfecto: un Moisés, para ser legislador y caudillo de la República de Dios. Un David valiente, para celar; sabio, para celebrar la honra del Altísimo. Un César, haciendo blasón de la pluma y de la espada. Un lacedemonio Agesilao, cuyas sentencias merecieron ser las primeras en el libro de los discretos, y sus hechos en el de los valerosos. Un Constantino Magno, ya autorizando los concilios y ya acaudillando los ejércitos. Un Justiniano dando armas y leyes al Imperio. Un Mahometo II, leyendo y conquistando. Un Alfonso el Magnánimo, o en la academia, o en la campaña. Un Ismael Sofí,[63] cuyo renombre de sabio fue tim-

---

[62] Reina de la antigua Asiria.
[63] Descendiente de Alí, yerno de Mahoma; fue emperador de Persia.

bre de su victoriosa espada. Un Francisco I de Francia, rodeado de sabios y caudillos. Un Filipo II de España, que comenzó valiente y acabó prudente.

Consiste esta nunca asaz encarecida prenda en dos facultades eminentes: prontitud en la inteligencia y madurez en el juicio; precede la comprensión a la resolución, y la inteligencia aurora es de la prudencia.

Un príncipe comprensivo, un Casimiro el Grande de Polonia,[64] digo, está en todos los puntos en uno. Hacíase señor de todo por la noticia para serlo por la potencia. Matriculó primero Augusto todo su imperio en la cabeza, y después lo tuvo en el puño. Abría y cerraba a su arbitrio las puertas de Jano, que era lo mismo que tener en su mano las llaves del Universo, señor de la guerra y de la paz. Estaba en todas partes el africano Jacob Almanzor por autoridad y reputación, porque estaban todas en él por cognición.

Un príncipe prudente, cuyo gran juicio es el contraste de todo gran caudal. Pesaba los talentos Teodosio; medía los fondos Antonino; apreciaba las eminencias el godo Sisebuto; examinaba los méritos Alfonso; levantaba ministros Justiniano, no acaso, sino por elección, capitanes que merecían ser emperadores, y él mucho más; repartía los cargos Antonino emperador, distribuía los empleos, no por facilidad de su ánimo, sino por el examen de su riguroso juicio.

Un príncipe sagaz, Argos real que todo lo previene. Émulo de Jano, que mira a dos haces, de fondo inapeable,[65] con más ensenadas que un océano. Los propios le recelan, los extraños le temen y todos le atienden, porque a todos entiende.

---

[64] Reinó en Polonia desde 1333 hasta 1370.
[65] Que no se puede conocer.

Un príncipe penetrante descubre más tierra en una ojeada que otros con eterno desvelo: al que mucho alcanza nada se le pasa, y al que todo lo penetra, nada se le esconde. Tenía Enrico IV de Francia inteligencia trascendente, que hasta las intenciones preocupaba, zahorí de la mayor profundidad, haciendo anatomía de los espíritus, de los naturales, de las inclinaciones.

Un príncipe vivo, que todo lo ve, todo lo oye, todo lo huele, todo lo toca. No enfermaban los oídos de Vespasiano del común real achaque, adulterios de la verdad, siniestros de la información, traiciones de la lisonja.

Un príncipe atento, que ni duerme, ni deja dormir a los que le ayudan a ser rey, a las potestades inferiores. León si vela, león si duerme, siempre abiertos los ojos, o con la realidad, o con la cobrada apariencia. ¡Oh, atención la del prudente Filipo de las Españas, y comparación suya muy repetida y mejor practicada la del telar con el trono donde asiste un príncipe siempre atento al hilo que se rompe!

Un príncipe sensible, que le piquen, que le lastimen las pérdidas en lo vivo del corazón. Hicieron algunos paradoja razón de Estado de la indolencia, y magnanimidad de la insensibilidad. Sensibles formó la naturaleza próvida sus vivientes, medio único de su conservación, y sensibles quiere sus reyes la política.

¿Quién no abominará la estupidez de Galieno? Atropellábanse unas a otras las malas nuevas de las provincias rebeladas, de los reinos perdidos, que pasaron de veinte, y él, muy sosegado, respondía: «¡Eh, que bien pasaremos sin las legumbres de Egipto! ¿Qué nos importan ahora los cáñamos de Francia?» ¡Oh, torpe insensibilidad! ¡Que cuide un príncipe de que los higos estén verdes todo el año y no cuide de que florezca el imperio! ¡Que busque invenciones para que las uvas duren dos y tres años y sufra que se le pierda la monarquía! Y no faltaban perniciosísimos lisonjeros que canonizaban esta barbaridad por magnanimidad y esta estupidez por constancia; y llega a tanto a veces su atrevimiento, que quieren vender por gran sutileza de política lo que es una aborrecible negligencia. No hay príncipe que, mientras vive, no sea entre sus lisonjeros héroe, entre los demás tolerado, pero después entra haciendo justicia la enterísima verdad.

Magnánimo fue Augusto, cuyo nombre es timbre de su corazón; con todo eso, sintió tanto el degüello de las romanas legiones en Germania, que hería el suelo con los pies y las paredes con la cabeza, y llegó a dar voces, repitiendo: «¿Qué hiciste de mis legiones, Quintilio Varo?[66] Vuélveme mis soldados valerosos. ¿Qué cuenta has dado de tanto y tan esforzado capitán?» No se le vio reír en meses, ni comer en días. Esta sí que es verdadera política, y no contraria a la majestad. Nunca pensó Rodrigo que estaba tan adelante su perdición, ni Roboán[67] miró tan de cerca su ruina. No pensándolo, perdió Juan de Labrit[68] su corona y Astiages[69] su diadema.

Este príncipe comprensivo, prudente, sagaz, penetrante, vivo, atento, sensible y, en una palabra, sabio, fue el Católico Fernando, el rey de mayor capacidad que ha habido, calificada con los hechos, ejercitada en tantas ocasiones; fue útil su saber, y, aunque le sobró valor, jugó de maña. No fue

[66] Militar romano recordado por su derrota en Teotoburgo. Augusto cayó en un estado depresivo tras enterarse de esta derrota.

[67] Rey de Judá, durante su reinado, Jerusalén fue tomada por los egipcios.

[68] Último rey de Navarra.

[69] Último rey de los medos.

afortunado Fernando, sino prudente, que la prudencia es madre de la buena dicha. Comúnmente, es feliz, así como la imprudencia es desgraciada: todos los más prudentes príncipes fueron muy afortunados.

Mas ¿qué aprovecha el gran caudal en un don Juan el Segundo de Castilla, si no hay aplicación? Que el incapaz Childerico remita con el trabajo el empleo, agradézcasele, porque eligió con mejoría. Pero que el persiano Thamas[70] sepultase un aventajado talento en el ocio y en el vicio, digno fue de execración.

Más alcanza en todas las artes una mediana habilidad con aplicación, que no un raro talento sin ella. La confianza es madre del descuido, y este es plaga de los grandes oficiales. El morir de un rey quiso Vespasiano que fuese en pie, y despachando, cuanto más el vivir. Excede la remisión a todos los vicios en un príncipe, así de la banda irascible como de la concupiscible. Fueron muchos grandes reyes, no tanto por sus grandes prendas, cuanto por su loable continua asistencia.

No perdona al despacho en sus mayores recreaciones el gran Mogol del Asia, penetrando el teatro de las fieras con la audiencia de sus vasallos. Permite la vista al entretenimiento y reserva el oído a la información.

Malo es querer Amulio[71] y Dionisio[72] ser reyes, no siéndolo; y peor, siéndolo Ladislao[73] de Polonia y Eduardo de Inglaterra,[74] no quererlo ser. Aquello se llama tiranía; esto no tiene nombre.

[70] Thamas, poderoso rey de Persia.
[71] Rey de Alba Longa.
[72] Tirano de Siracusa.
[73] Ladislao II, rey de Polonia entre 1386 y 1434.
[74] Eduardo II.

Compitieron en Fernando el caudal y la aplicación para componer un rey perfecto, un monarca máximo: cuarenta años reinó, sin desperdiciar uno tan solo, y obró más que cuarenta reyes juntos.

Árbol coronado es un cetro, que da por frutos hazañas. Pide a sus plantas la sabia naturaleza un fruto en cada año. ¿Qué mucho lo pretenda la fama en sus héroes?

Ociosamente ocupa el campo la estéril lozana higuera, y el trono real un príncipe inútil. No sirve sino de estorbo a otro que coronara el reino con las fecundas ramas de sus brazos.

Colgaba Alcides en los umbrales de la fama un nuevo trofeo en cada un año, ya el león, y ya la hidra, mentido héroe en quien idearon los antiguos un príncipe verdadero, obligado siempre a nuevos gloriosos empeños.

El verdadero Hércules fue el Católico Fernando; con más hazañas que días, ganaba a reino por año, y adquirió por herencia el de Aragón, por dote el de Castilla, por valor el de Granada, por felicidad la India, por industria a Nápoles; por religión a Navarra, y por su grande capacidad, todos.

Son varias las empresas de un rey, y todas ellas heroicas. Hanse de abrazar, como hacía el primer Esteban de Hungría, no por elección, sino por ocasión. No las que le proponía el gusto a Alejandro el Magno, sino las que pedía la necesidad al valeroso Alejandro Severo.

Así, que no todas las reducían Gustavo I de Suecia y Alfonso el Magnánimo de Nápoles al valor, que hay otras muchas, y a veces de más reputación que las militares. Más gloria mereció Justiniano por las leyes que Aureliano por las armas. Más célebre hizo a Fernando el haber fundado el integérrimo, el celador, el Sacro Tribunal de la Inquisición, que por haber establecido su monarquía. Y ganó más con haber echado de España los judíos que con haberla hecho señora de tantas naciones.

Las del valor fueron plausibles en Carlos V; las de la justicia, urgentes en Felipe II; las de la religión, gloriosas en Felipe III; las del gobierno, heroicas en Felipe IV el Grande, y todas juntas en Fernando.

Nunca ha de vacar un rey, porque son grandes sus acciones; en cesando la ocasión de unas, ha de pasar a otras. Tuvo bien sabida esta regla César, el hombre de más capaz y fecundo corazón. Cuando ya no tuvo provincias que sujetar, emprendió allanar los montes. Después de haber dado leyes a los hombres, intentó ponerlas a los ríos y a los mares. En habiendo restaurado el orbe, se puso a reformar el tiempo. Si bien ponderó el profundo Cayo Veleyo[75] que, en acabándose los empleos militares, acabó él. Y la muerte, que le perdonó en tantos años de peligros en la guerra, le halló en solos cinco meses del descanso.

Llámanse unas a otras las hazañas, y facilítanse las ejecuciones. Así lo practicaba Solimán, envejecido en las empresas por cuarenta años de su florido imperio. El primer año aseguró el Egipto, y el segundo descentó la Hungría. No se contentó con la presa de Rodas, sino que anheló luego a la de Malta, y el no ocuparla del todo fue porque a sus dos poderosos desunidos brazos les faltó la asistencia de tan gran cabeza. Eran sus serrallos los reinos conquistados, y sus deportes los bien merecidos triunfos. ¡Oh, monarca de buen gusto!

En comenzando un príncipe a cebarse en las proezas, no se halla sin nueva ocupación heroica. De esta suerte, el César de los españoles, Carlos, tomaba por descanso las

---

[75] Adulador del emperador Tiberio.

unas de las otras; de humillar los herejes pasaba a enfrenar los turcos; de cautivar un rey, a ahuyentar otro. Y las conquistas del África eran sus vacaciones de la Europa.

Este es el digno empleo de los reales tesoros. Mal empleados millones los de Nerón y de Calígula, y bien logradas blancas las del aragonés don Jaime.

Cuando las empresas son útiles, ellas restituyen los préstamos con logro. Tuvieron en esto magnífico electivo acierto los reyes de Portugal, consiguiendo a la par rentas y honores.

Ahorraba el sagacísimo Fernando de vanos inútiles empeños, que no son de provecho, sino de tema, sepultura de vasallos y tesoros; cuales eran los de los Pedros de Castilla y Aragón, originados más de la porfiada emulación que de la conveniencia, y el remate de semejantes empresas no era otro que quedar rematados entrambos reyes y reinos.

Casarse Carlos VIII con la fama a secas es buscar mujer pobre y estéril, y, entre dos extremos de escoger, es un príncipe dejado antes que un orgulloso inútilmente.

Motivaba con mil conveniencias una empresa Enrico IV de Francia cuando, acertada ya la intrínseca utilidad de ella, anteponía tal vez los adherentes. Asegura la salud del reino purgándole de los humores, o gastados o superfluos. En faltándoles a algunas repúblicas las conquistas, adolecieron de intestinas sediciones. Grande aforismo fue siempre hacer antídoto del veneno.

Fue la ociosidad carcoma de la continuada felicidad de España, manantial perenne de los vicios en Roma. No hay mayores enemigos que el no tenerlos: sentencia esforzada de Metelo[76] cuando lo de Cartago, y que pasó a desengaño

---

[76] General romano. Fue cónsul en 251 y 247 a. C. y participó en la primera guerra púnica, venciendo a Asdrúbal en Panormus.

con la dañosa experiencia. No solían vivir sin guerra los otomanos, y, variando de enemigos, les entibiaban con la intermisión el valor y con el olvido la experiencia, conservando siempre floreciente su milicia.

Es la potencia militar basa de la reputación, que un príncipe desarmado es un león muerto, a quien hasta las liebres le insultan.

No deshizo sus escuadrones Fernando, acabada en España su envejecida guerra; sirviole de escarmiento su principio en el descuidado Rodrigo; les mudó el palenque, y, echando fuera de España las armas, hizo de ellas muralla viva a sus reinos.

Conoció y supo estimar su gran poder; tenía tomado el pulso a sus fuerzas y súpolas emplear; tenía tanteadas las de sus enemigos y súpolas prevenir; sacando los españoles a las provincias extrañas, los transformó en leones; acometiendo siempre a los franceses, los venció siempre, y nunca dio lugar a su prevención. Tenía comprendidas las naciones, y dábales por su comer.

Pero la eminencia de este gran político estuvo en hacer siempre la guerra con pólvora sorda. Esto es, sin el peligroso y vano ruido del armar, sin asonadas de empresa, que avisan a los contrarios, irritan a los neutrales y despiertan a todos. Sin hacer del hacendado,[77] cogía una plaza en el África, un reino en España, una isla en el océano, una ciudad en Italia, y todo esto con la presteza de un león. No hubo hombre que así conociese la ocasión de una empresa, la sazón de un negocio, la oportunidad para todo.

Hallábase en persona, o por la de su gran consorte, que equivalía, a las empresas importantes dentro de España.

[77] Presumir de ocupado.

Célebre cuestión política si el príncipe ha de asistir en un centro por presencia y en todas partes por potencia y por noticia, o si, como el sol, ha de ir discurriendo por todo el horizonte de su imperio, ilustrando, influyendo y vivificando en todas partes. Hállanse eficaces argumentos y acreditados ejemplos por el uno y otro dictamen.

Todos los hazañosos príncipes y que obraron cosas grandes asistieron en persona a las empresas. De esta suerte el Magno Alejandro en diez años allanó la Grecia, sujetó la Persia, domó la Escitia, desfrutó la India y conquistó el Oriente, llenando el mundo de terror y la posteridad de fama. El famoso César consiguió cinco triunfos: el gálico, sojuzgada la Francia, conquistada la Britania, enfrentada la Germania; el alejandrino, oprimido Ptolomeo; el africano, derrotado Juba; el póntico, humillado Farnaces;[78] el hispánico, extinguidas las reliquias de Pompeyo. El célebre Aníbal, de veinte años expugnó a Sagunto, venció cinco generales y tres cónsules romanos, y en la batalla de Cannas noventa mil senadores. El magnánimo Augusto acabó felizmente cinco guerras civiles, avasalló doce bárbaras naciones y todas las del orbe le enviaron sus embajadores y presentes. Pasó Trajano los límites del Imperio de la otra parte del Tigris y del Eúfrates. Estableció Carlo Magno su tetrarquía y ciñó sus venerables canas de las tres coronas. Conquistó Mahometo dos imperios, doce reinos y más de doscientas ciudades. Dio y ganó el conquistador don Jaime treinta batallas campales. Avasalló Quingui nueve reinos y destruyó otros tantos. Guerreó Otón I treinta años, triunfando de los príncipes de Alemania, Bohemia y Hungría, y de los Berengarios en Italia. Despojó toda la Asia el Tamorlán, llamado «Terror del Mundo», cautivando a Bayaceto, con

---

[78] Ptolomeo XII de Alejandría, Juan I de Numidia, Farnaces II del Ponto.

muerte de doscientos mil turcos, asolando en tres años la Albania, Iberia, Armenia, Persia, Mesopotamia y el Egipto. Venció Boleslao de Polonia los prutenos, sajones, casubios, pomeranios; a Boleslao, rey de Bohemia; a Jaroslao, Duque de Nisia, avasallando hasta los ríos Tira y Borístenes, y fijando las dos columnas de metal.

Aterró el Asia Mahometo, el Gran Mogol, con ochocientos mil combatientes, y asentó su imperio entre los dos ríos Indo y Ganges.

Empleó ochenta años en pelear contra los moros el victorioso don Alonso Enríquez, primer rey de Portugal, venciendo en varios reencuentros ocho reyes, y degollando los siete. Conquistó Ismael Sofí la Persia, Mesopotamia, Media, Capadocia, Iberia, Armenia y Albania. Humilló Carlos V los mayores príncipes que ha tenido el mundo: cautivó al de Francia, desmayó al turco, aprisionó al de Méjico, despojó al Inca, desbarató al de Túnez, y otros más. Pero a quien se rinde toda admiración es a la gran Semíramis, la que fundó Babilonia: no contenta con la amplísima monarquía de Asiria, conquistó el Egipto, emprendió la India, y, capitaneando un millón de gentes con dos mil naves, venció sobre las aguas del río Indo al rey Estaurobates; aliñándose el cabello, la dieron nueva que se había rebelado Babilonia, y, sin acabar el aliño, fue, vio y venció.

Así que todos los príncipes héroes, los que hicieron cosas hazañosas, acaudillaron personalmente sus ejércitos. Y era político proverbio entre los belicosos otomanos, aquellos primeros conquistadores, que no era cumplida la victoria donde no se hallaba el Gran Señor.

El ver sus soldados un rey es premiarlos, y su presencia vale por otro ejército. Con solos ciento y su real valor, fue a oponerse el rey don Pedro de Aragón el Grande al rey de Francia Filipo,[79] que entraba en Cataluña con diecisiete mil y seiscientos caballeros, todos de linaje, cien mil hombres de a pie bien armados, cincuenta mil gastadores y ochenta mil acémilas. Solo don Pedro bastó a detener su furia por entonces, y, con moderado socorro, acabó con Filipo y con todo su ejército después. Perdió Sardanápalo[80] la monarquía de oro por estarse hilando en los infames estrados de sus rameras. Pereció Darío con sus delicias, y, si salió a resistir a Alejandro, cuando más no pudo, fue con lanzas de oro y carros de marfil. Por no querer perder Galieno una flor de sus jardines, dejó perder veinte provincias y sufrió que se le alzasen treinta tiranos. Perdiose primero Rodrigo en la deliciosa paz y después en la batalla. Dejose cercar en su corte y su palacio el negligente Constantino,[81] y, al que no quiso salir a buscar al enemigo, el enemigo le vino a buscar a Constantinopla.

Volvían aquellos famosos príncipes, Augusto, Trajano y Teodosio, victoriosos a su Roma, como a teatro de sus triunfos, y estábanse en ella Tiberio, Nerón, Calígula, Domiciano y Heliogábalo como en cenagal de sus deleites. Que no es verdadera quietud la que no se consigue con el movimiento necesario. Mucho daño hicieron los dos Luises, el de Polonia y el de Hungría, y remató el portugués don Sebastián con sus tragedias; su temeridad hizo sobradamente cuerdos a otros príncipes; ellos perdieron sus reinos por su audacia, mas causaron que los perdiesen otros por escarmiento.

Al contrario, el oficio de un rey es el mandar, que no el ejecutar, y así su esfera es el dosel, que no la tienda; es cabeza

---

⁷⁹ Rey de Francia en el siglo XIII.
⁸⁰ Nombre griego de Asurbanipal
⁸¹ Constantino IX, emperador de Oriente en el siglo XI.

que, por guardarla, hasta los brutos exponen pieza a pieza
todo el cuerpo. ¿Quién apoyará que un príncipe exponga
vida y reino y honra al riesgo de una suerte, después de tantos
antiguos y modernos escarmientos?: de un Valeriano emperador, hecho escabel a los pies del Bárbaro Sapor;[82] de un
Bayaceto,[83] cautivo del Tamorlán, metido en jaula de oro,
castigo proporcionado a su fiereza; de un desdichado Ladislao, rey de Polonia, burlado de la fortuna, mal aconsejado de
los suyos, victorioso vencido, hecho ayunque de los jenízaros
alfanjes; después de un don Alonso de Aragón,[84] desaparecido en Fraga, porque nadie pudiera alabarse de haber visto
un rey aragonés vencido y muerto; después de un rey Francisco de Francia, llamado el Grande solo para que tuviese
España un gran cautivo; de un Sebastián, sol que al amane-
cer le eclipsaron las lunas africanas.

Peleó César bien para ser emperador, y Valeriano mal
para dejarlo de ser. Conquistó Almanzor a España por sus
capitanes, y conservó el África por sí mismo. Más victorias
alcanzó el emperador Carlos V ausente de sus ejércitos que
presente. Halláronse en las batallas algunos reyes para
levantar sus monarquías; pero, ya establecidas, no fuera
prudencia arriesgarlo todo. No iba el felicísimo rey don
Manuel de Portugal a buscar las victorias al África y al Asia,
que ellas se le venían y entraban por sus puertas, y el
Oriente vino a postrársele a sus pies.

Mas, entre estos dos extremos halló el medio el prudentísimo Fernando: ni todo era caminar como Adriano, ni
todo holgar como Galieno.

82 Sapor I (215 - 272), hijo de Ardashir I, fue rey de Persia (241-272)
83 Bayaceto I, llamado el Rayo Aksehir, actual Turquía, 1402. Sultán
otomano (1389-1402).
84 Alfonso I el Batallador.

No fijó su corte en alguna ciudad de las de España, o porque no dio por definida su monarquía, aspirando siempre a más, o por dictamen profundo de no hacer cabeza una nación y pies otra. Punto de tanta atención, que por eso los políticos reyes de la China señalaron dos ciudades, Panquín y Nanquín,[85] para sillas de su grandeza, atendiendo, ya a la propia comodidad en la alternación de estancias con las inclemencias de los tiempos, ya a la seguridad de los vasallos, igualándolos en los favores y en las cargas.

En todas las monarquías hubo siempre un centro real del mando. Fuéronlo algunas ciudades porque comenzó en ellas la monarquía. Así, Roma fue cabeza de su gran imperio, y después de todo el mundo, emporio coronado de todas sus riquezas, delicias, grandezas y maravillas; madre universal de las naciones, que llegó a tener cinco millones de almas. Otras lo fueron por elección, atendiendo a las conveniencias, ya de la política, ya de la economía, como lo fue Constantinopla, primero del imperio cristiano, después del otomano, calificando su primera elección, una y otra, acertada, por estar esta imperial ciudad en el mejor sitio del orbe, en los términos de Europa y Asia, señoreando el mar Euxino y la Propóntide,[86] llave de entrambos mares, centro de las provincias de la Tracia, reina de las ciudades de Europa, por la hermosura de su sitio, comodidad de su puerto, grandeza de sus edificios, riqueza de su trato, abundancia de bastimentos y corte del Gran Turco.

Nació Corte la gran Nínive en el primer imperio del mundo, que fue el de los asirios, y creció tanto, que llegó

85 Pekín y Nankín.
86 La Propóntide era el nombre que los antiguos griegos otorgaron al mar de Mármara, porque les permitía acceder al Ponto Euxino (Mar Negro).

a tener tres jornadas de camino, según la Divina Historia. Compitió con ella Babilonia, corte de los príncipes caldeos, con sus cien puertas de bronce, murallas de cincuenta codos de latitud y más de doscientos de altitud, con sus tres mil torres. Fabricola Semíramis, engrandeciola Nabuco, y tanto, que refiere Aristóteles que, habiendo sido entrada y saqueada, tardó una parte de ella tres días en saberlo. Mas, olvidando las cortes de los ya olvidados imperios, mereció París ser silla de sus cristianísimos reyes, más ha de mil años, por lo abastecido de su terreno, con más de doce mil poblaciones a diez leguas de su contorno, siendo hoy la mayor ciudad de la cristiandad; Londres, en Inglaterra, por lo ameno de su campaña y por lo navegable del Támesis, su río; Viena, en Alemania, por lo fuerte y por lo fiel; Estocolmo, en Suecia, por lo maravilloso de su lago y por la frecuencia de su puerto; Cracovia, en Polonia, dividida en otras tres, célebre por sus escuelas y fuerte por sus castillos; Mosca,[87] en la Moscovia, por su saludable terreno, donde jamás halló entrada la peste, tan poblada, que entra en el número de las cuatro famosas de Europa; Tauris,[88] en Persia, coronada de jardines, regada de mil fuentes, bañada de aires salutíferos y abastecida de todo género de delicias; Cambalú, en la Tartaria, de tan gran comercio, que entran cada año en ella mil carros de sedas de la China, venciendo a cuantas hay en lo suntuoso y magnífico de su palacio; Samarcanda, en los mogoles, enriquecida primero con los despojos de toda la Asia, y de tanta grandeza, que solía haber en ella sesenta mil caballos; Fez, en Berbería, la más bella y más poblada

[87] Moscú.

[88] Tabriz es una ciudad del noroeste de Irán, capital de Azerbaiyán Oriental

del África, ceñida y aun penetrada de los brazos de su río, emporio real de letras y de riquezas.

Dejó Fernando esta elección a la felicidad de sus sucesores, que, asentada la monarquía, escogieron a Madrid, por ser centro de España y por lo saludable de su terreno.

A las empresas fuera de España, que no fueron las menos gloriosas, asistía, si no por su presencia, por su dirección, fiada a famosos caudillos, prudentes virreyes, atentos embajadores criados en su escuela, graduados de su elección.

Este gran empleo del reinar no puede ejercerse a solas, comunícase a toda la serie de ministros, que son reyes inmediatos. ¿Qué importa que el príncipe sea excelente en sí si los ayudantes le desacreditan? Esclarecido rey era Estenón el Segundo de Suecia, pero sus indignos virreyes le oscurecieron. Amable era por sus reales prendas Carlos de Anjou; aborrecido fue por la iniquidad de sus ministros, hasta perder el fértil reino de Sicilia en aquella memorable tarde.

Recaen sobre la cabeza los yerros o los aciertos de los demás miembros; subordinados reyes hubo, en nada aventajados por sus personas, que fueron grandemente célebres por la eminencia de sus ministros. Éstos hicieron inmortal a Justiniano, Narsés y Belisario, armados; Teófilo y Triboniano,[89] togados; y, al contrario, reyes hubo eminentes por sí e infelices por sus instrumentos del reinar. Mereció por su persona la ilustre Margarita ser reina de Dinamarca, de Noruega y de Suecia; desmereciéronlo sus prefectos, y perdió los reinos ella. Y es lástima que perezca la inestimable real reputación de un máximo Carlos en España, no por faltas suyas, que no las tuvo, sino por las de sus codiciosos gobernadores.

---

[89] Triboniano (aprox. 500-547) fue un destacado jurista bizantino del siglo VI.

Un rey de gran capacidad eslo, por el consiguiente, de grande elección. Estimaba don Enrique el Tercero de Castilla (aquel que se preció de gran gobernador, y de verdad lo fue), apreciaba grandemente los aventajados ministros, así de milicia como de gobierno, porque conocía su importancia.

Conservábalos siempre Felipe II el Prudente en artificiosa dependencia, templando sus muchas esperanzas con algo de fruición, que es arte de por sí esta del saber llevar los ministros, el hacerlos y conservarlos.

Algunos atribuyen a suerte de un rey el tener buenos ministros, pero más es, o prudencia en saberlos escoger, o ciencia en saberlos hacer.

No solo los escoge buenos un rey sabio, sino que los hace, los forma, los amaestra. El que ellos sean asortados no es del príncipe el conocer; si lo son, sí.

El político los forma políticos. Infundíales Luis XI de Francia, aun a los hombres de más común estado, que él juzgaba por más manuales y más dóciles, aquel su político espíritu. Su inteligencia en el descubrir, sus reflejos en el prevenir, su destreza en el negociar, su artificio en el proceder.

El valeroso y ejercitado en las armas los saca grandes guerreros; fue seminario de insignes capitanes la tienda del emperador Carlos V. Obró grandes cosas por sí, mayores por ellos; su felicidad extraordinaria se les pegaba y los asistía.

Así que el político Luis los hace políticos; el batallador don Jaime, valerosos; el sabio Carlos francés, sabios; el gobernador Enrique de Castilla, grandes gobernadores; el santo Fernando, rectos; el prudente Felipe, prudentes; el justiciero don Jaime de Aragón, justicieros. Y el gran Felipe IV de las Españas, porque lo es todo, ha tenido un ministro, digo, un archiministro: el Excelentísimo señor don Gaspar de Guzmán, Conde-Duque de Olivares, eminente en todo, Ministro Grande del Monarca Grande. Verdaderamente gigante de cien brazos, de cien entendimientos, de cien prudencias. Que sin duda previno el Cielo para los mayores riesgos de esta Católica Monarquía los mayores hombres. Y el conjurarse el mundo todo contra ella no ha sido sino para que las reales y ducales prendas saliesen a la luz universal de todo el orbe y de todos los siglos.

Pero lo que más le ayudó a Fernando para ser príncipe consumado de felicidad y de valor fueron las esclarecidas y heroicas prendas de la nunca bastantemente alabada reina doña Isabel, su católica consorte, aquella gran princesa que, siendo mujer, excedió los límites de varón.

Acarrea mucho bien la buena y prudente mujer, así como la imprudente mucho mal. Las madres, por respeto; las esposas, por amor, obran mucho con los príncipes. Pudo la sabia y cuerda Mesa, el tiempo que vivió, encubrir, sino enfrenar, las monstruosidades de Heliogábalo, su nieto. La santa emperatriz Elena reengendró en cristiandad y toda virtud al grande emperador Constantino. Mientras vivió su religiosa madre, fue otro Federico emperador.[90] Gran parte de la heroica santidad de Luis IX de Francia se debe a la enseñanza de la española doña Blanca, su gran madre. La santa aragonesa doña Isabel,[91] inmortal reina de Portugal, fue oráculo de virtud y de paz entre el rey don Dionisio, lla-

---

[90] Federico I de Hohenstaufen llamado Barbarroja por el color de su barba. A partir de 1155 fue emperador del Sacro Imperio Romano Germánico.

[91] Nacida en Aragón, en 1271, santa Isabel es la hija del rey Pedro III de ese reino y nieta del rey Jaime el Conquistador, biznieta del emperador Federico II de Alemania.

mado el Fabricador, su esposo, y el príncipe don Alfonso, llamado el Bravo, su hijo. Con su disciplina religiosa vencía la militar, y con su piedad deshizo los armados escuadrones de un padre contra un hijo y de un hijo contra un padre, cruces contra cruces y quinas que amenazaban quinas.[92] Nuestra inestimable reina y señora, doña Margarita de Austria, riqueza mayor de España, cuya santa memoria está siempre fresca en el continuo llanto, hizo más santo a su esposo, y llenó el mundo de católica sucesión de Atlantes de la Fe, de columnas de la religión, de soles de la cristiandad.

¡Dichoso el príncipe a quien una prudente y santa madre le saca segunda vez a la luz de la virtud y, como cristiana Osa,[93] le va formando e informando!

Con todo eso suele predominar más en la voluntad de un príncipe el intenso amor de una esposa que el reverencial de una madre; ilustraron a muchos sus consortes y a muchos los deslustraron. Viose esta diferencia en el rey don Juan el Primero de Aragón, a quien su primera mujer le hizo amable de sus vasallos, y la segunda, aborrecible. ·

Reinan comúnmente en este sexo las pasiones de tal modo, que no dejan lugar al consejo, a la espera, a la prudencia, partes esenciales del gobierno, y con la potencia se aumenta su tiranía. Pero la que por su corregido natural salió sabia, y prudente, lo fue con extremo, y, ordinariamente, las muy varoniles fueron muy prudentes.

Asegurado un príncipe de la buena capacidad de su consorte, dele lugar de conreinar, mas siempre con templanza. Valía por dos el gran rey don Ramiro el Primero de Castilla,

---

92 Las armas de Portugal (cinco escudos azules).

93 La mitología griega consideraba que Osa Mayor era la osa en la que había sido convertida Calisto por Artemisa tras haber sido seducida por Zeus.

ayudado de la prudencia y el valor de la reina doña Urraca, su mujer, y mucho más el rey don Juan el Segundo de Aragón, de la reina doña Juana; dividíanse el trabajo entrambos: en tanto que el rey conducía en un reino los ejércitos, la reina tenía Cortes en el otro, y, como resplandeciente luna, suplía las ausencias del bien ocupado rey.

No es mucho el consejo de una mujer, pero bueno; perdiose por no abrazarlo el rey don Juan, último de Navarra, y debiera conservarse rey por el consejo de la que le hizo rey.

Bien es que cele un príncipe su mando de todos, pero ceda a la razón en todos, y más en una consorte sabia y santa.

Una hermana prudente, cuerda y sagaz bien puede entrar en lugar de esposa o madre. Fuelo con don Enrique el Primero de Castilla la esclarecida reina de León doña Berenguela, su hermana, que, mientras le asistió, gozó de tranquilidad Castilla. En España han pasado siempre plaza de varones las varoniles hembras, y en la casa de Austria han sido siempre estimadas y empleadas.

Fuera rara y singular entre todas la Católica reina doña Isabel, de tan grande capacidad, que, al lado de la de un tan grande rey, pudo, no solo darse a conocer, pero lucir. Mostrose primero en escogerle, y después en el estimarle. Cada uno de los dos era para hacer un siglo de oro y un reinado felicísimo, cuanto más entrambos juntos.

Llegó Fernando a donde pocos llegaron, al extremo de la política, a hacer de su gobierno dependencia, a que conociese la monarquía que ella le había de menester a él, y no al contrario; los mismos que le ahuyentaron con su ingratitud, le instaron con sus ruegos; buscáronle agraviado, pero prudente, y juzgaron por mayor mal carecer de sus acertados dictámenes que sujetarse a su indignada prudencia.

Pocos príncipes llegaron a esta gloria; más fueron los detestados que los deseados; y, si don Sancho mereció en Castilla este renombre, fue más por una bien concebida esperanza que por una encanecida experiencia. No llegó Tito a cumplir los seis años buenos, y aun óptimos, de Nerón. Fueron algunos arrebatados antes que la malicia les mudase el buen juicio.

La variedad es madre del gusto, por lo menos del alivio, y la mudanza de superiores fue siempre plausible; no reparando en que los azares del que acaba suelen trocarse en otros de otra especie en el que comienza.

Solo Fernando fue privilegiado de esta universalidad, fénix del mando, que volvió a renacer a él con aplausos de único. Volvió a Castilla con triunfo de reputación, y llegó el encarecimiento de un gran político a decir que el remedio de esta monarquía, si acaso declinase, no era otro sino que resucitase el Rey Católico y volviese a restaurarla.

Fundada, atendió Fernando a perfeccionarla en todo género de adorno, cultura y perfección política.

Fundó Rómulo la República romana; no le dio lugar de perfeccionarla, o el retorno del castigo fraterno, o el engañoso premio del Senado; quedó esta obligación para los sucesores, que no es la menos importante regla de política dejar gloriosamente empeñado al sucesor, dejarle algún heroico empeño. De esta suerte se despertó Solimán, mozo poco experimentado, y, con la rebelión del Gacele y Mamelucos, de un manso cordero, que comenzaba a reinar, se transformó en un furioso león de los ejércitos.

Entró, pues, Numa e introdujo la religión, aunque falsa, como fundamento de todo gobierno. Inventó dioses y culto, sacerdotes y sacrificios. Sucediole Tulo Hostilio y puso en ser la milicia, añadiendo al valor la disciplina. Luego Anco adornó de edificios la ciudad, de muros, y de puentes, y fundó las colonias. Después de él, Prisco autorizó la majestad real y las de los magistrados con leyes y con insignias. Últimamente, Servio estableció las rentas de la República, los pechos y gabelas, que, moderados, son nervios de su conservación, y, excesivos, de su ruina. Así que Rómulo forma la monarquía y los demás la adelantan y perfeccionan.

Lo que todos éstos hicieron en la monarquía de Italia obró Fernando solo en la de España. Él la hizo religiosa con purgarla de unos y otros infieles, y con ensalzar el tribunal sacro y vigilante de la Inquisición. Él la hizo valerosa, dando a conocer el esfuerzo de los españoles a las naciones extranjeras, con súbito espanto de su potencia; majestuosa, poniendo en su punto la autoridad real, tan atropellada antes y aun competida. Rica, no con tributos, sino con sus flotas perennes, ríos de oro, plata, perlas y otras riquezas que entran cada año de la India. Sabía contraer a ella varones doctos e insignes en letras humanas y divinas. Finalmente, feliz en todo género de perfección y de cultura. De suerte que, con mucha razón, el prudentísimo Filipo, su nieto, haciendo cortesía a sus retratos, añadía: «A este lo debemos todo».

Con ser tan conocidos y seguros sus aciertos, no contento, no satisfecho de su interior y de la pública aprobación, solía este gran príncipe examinarse de rey. Solía con ardid tomarse a sí mismo residencia.

Si es tan dificultoso conocerse cualquier hombre, ¿qué será un rey? Conocerse en sí mismo no lo permite la propia afición; conocerse en los otros no lo sufre la trascendental adulación. No tiene espejo un rey, pero aquí entra la industria si él es sabio.

Disimulábase príncipe Germánico (pondera Tácito) y, así mentido, iba en busca de la verdad por los desapasionados ranchos de sus soldados. Tal vez escuchaba encomios con fruición, y tal vez lo contrario, con desengaño.

De esta misma destreza se valía Carlos V hecho espía de su reputación, y exploraba los ánimos de los suyos en aquella incauta libertad. Ni el odio ni la lisonja son cristales fieles, adulteran a lo encontrado la verdad: aquel de las virtudes hace vicios, y esta, de los vicios, virtudes.

Perdido en la caza Francisco I de Francia, desde entonces Grande, hizo noche en casa de la sencillez, y, entre unos villanos, le amaneció el sol de la verdad, y solía repetir el discretísimo príncipe: «Yo me gané perdido, porque mudo de rumbo».

De algunos simples y de locos hicieron príncipes muy prudentes oráculos de la verdad, que ya ellos solos la dicen. Refieren sin recelo lo que otros hablaron delante de ellos sin reparo. Esta fue la relevante sutileza de Fernando y corona de su política.

Murió a los sesenta y cuatro años de su preciosa edad, y a los cuarenta de su feliz reinado. Gran dicha de una monarquía cuando sus reyes mueren viejos y no comienzan niños. Vivió poco en la fruición y eternamente en el deseo. El día que murieron Fernando y Carlos, su gran nieto, lloró toda la cristiandad, alegrose toda la infidelidad; volviéronse las veces el día que perecieron Selim y su hijo.[94]

---

94 Amorates III, sultán otomano (1574-1595). Hijo y sucesor de Selim II. Logró el vasallaje de Polonia y continuó la alianza con Austria.

Pero no murió Fernando, que los famosos varones nunca mueren. Anda siempre la fama por extremos. No hay medianía en los reyes. Son conocidos, o por muy buenos, o por muy malos. Así como hay unos prodigios gloriosos, así hay otros monstruos detestables. Unos que fueron basas de la monarquía para subir; otros, tropiezos para caer: reyes de horror, de escándalo, de infamia, cuya memoria se va eternizando en los bronces de la tradición. Unos acabaron con la Monarquía, como Constantínulo⁹⁵ con la de Grecia; otros con su prosapia, como Childerico con la de Clodoveo, y otros con la religión, como Enrico VIII de Inglaterra. Comenzó a declinar el reino de Israel en Roboán, por su imprudencia; en Galieno el Imperio romano, por su flojedad; en Caloxanes el griego, por su inadvertencia. Pereció la monarquía de los asirios en Sardanápalo, por sus delicias; en Astiages la de los medos, por su tiranía; en Darío la de los persas, por su descuido; en Rodrigo la de los godos, por su lascivia; en Constantínulo la de los griegos, por su incapacidad. Durarán eternamente la falsedad de Tiberio, la iniquidad de Calígula, la estolidez de Claudio, la tiranía de Nerón, la lujuria de Heliogábalo, la insensibilidad de Galieno, la ineptitud de Carlos el francés, la crueldad de Pedro el castellano, la flojedad de Sancho el portugués, la abominación de Enrico IV el sueco, la infamia de Mauregato⁹⁶, la obstinación de Federico, la ceguera de Enrique VIII. Temblando había de estar siempre un monarca de poder ser agregado a tan horrible caterva.

Otro augustísimo teatro tiene la fama de honor, de heroicidad, de lucimiento, y en él diversos coros, según las emi-

95 Constantino XIII, siglo XV
96 Mauregato, rey de Asturias, 783-788.

nencias y renombres, y en todos admiró a Fernando con aplauso trascendente: en el de una sacra católica piedad, entre un Teodosio, Enrique, Otón y Rodolfo, primeros de este nombre; entre ambos Ferdinandos, el Primero y el Segundo, emperadores; entre Recaredo, Wamba, Pelayo, don Fernando y Filipo terceros de España; entre Clodoveo, Carlo Magno y Luis IX de Francia; entre Esteban I de Hungría, Enrico I de Suecia, Olao I de Noruega y Casimiro de Polonia.

En el de los valerosos, entre Julio César, don Jaime el Conquistador, el Tamorlán, Quingui, Mahometo II, Carlos V, el bravo Selim, Solimán y Enrico IV de Francia. En el de los magnos, entre un Alejandro, Constantino, Carlo Magno, Alfonso III y Felipe IV de España. En el de los sabios, entre Ismael Sofí, Carlos V de Francia, Alberto de Austria y don Sancho IV de Navarra. En el de los políticos, entre un Luis XI de Francia, Estéfano Bator de Polonia, Matías Corvino de Hungría. En el de los prudentes, entre un Justiniano emperador, Maximiliano I, Gustavo I de Suecia y Felipe II de España. En el de los magnánimos, entre Nino el Primero de Asiria, Jerjes el Primero de Persia, Octaviano Augusto y don Alonso el de Nápoles. En el de los bienquistos, entre Hispán,[97] dando a España su apellido; Tito, llamado Delicias del género humano; Otón III, dicho Milagro del Mundo; y don Sancho el Deseado. En el de los felicísimos, entre un Numa Pompilio, Filipo el macedón, Antonino y don Manuel de Portugal. En el de los justicieros, entre un Jerjes Longímano, dando a su camarero el precio del soborno; Antíoco, retractando todas las injusticias de su imperio; Seleuco, estimando la justicia más que a sus ojos;

---

[97] Rey mitológico, sobrino de Hércules.

Aureliano emperador, castigando los traidores, y Nerva los ingratos; don Jaime el Segundo de Aragón, dicho el justiciero, y don Alfonso el Undécimo de Castilla, el Conquistador. Finalmente, en todos los catálogos del aplauso y de la fama halló a nuestro universal Fernando por católico, valeroso, magnánimo, político, prudente, sabio, amado, justiciero, feliz y universal héroe.

Esta es, ¡oh, Excelentísimo Duque, gloria máxima de los Carrafas e inmortal corona mía!, una ruda copia del que fue perfectísimo dechado de monarcas. El último rey de los godos por línea de varón; pero el primero del mundo por sus prendas; cuyo mayor acierto, entre tantos, fue haber escogido, digo haber ejecutado la ya superior, divina elección de la catolicísima Casa de Austria.

Casa que la ensalzó Dios, para ensalzar con ella su Iglesia, acabándose las discordias tan antiguas como crueles entre los Federicos emperadores y los sagrados Pontífices, comenzando la paz en el emperador Rodolfo de Austria. Casa que, después que ella reina, no sabe la Iglesia del Señor qué son cismas, ni los conoce. Casa que volvió los Sumos Pontífices de Aviñón a su trono de Roma y mantiene su autoridad suprema. Casa que la levantó Dios para muralla de la cristiandad contra la potencia otomana. Casa que la fortaleció Dios para ser martillo de los herejes en Bohemia, Hungría, Alemania, Flandes y aun en Francia. Casa que la formó Dios para riquísimo minero de santos, emperadores, emperatrices, reyes, reinas y archiduques. Casa que la extendió Dios por toda la redondez de la tierra, para dilatar por toda ella su Santa Fe y Evangelio. Casa que la escogió Dios en la ley de gracia, así como la de Abrahán en la escrita, para llamarse Dios de Austria, Dios de Rodolfo, de Felipe y de Fernando. Esta, pues, escogió el católico y sabio rey para sucesora augusta de su católico celo, para heredera de su gran potencia, para conservadora de su prudente gobierno, para dilatadora de su felicísima monarquía, que el Cielo haga universal. Amén.

AGUSTÍN IZQUIERDO se doctoró en filosofia con una tesis sobre Nietzsche[*El concepto de cultura en Nietzsche*, Agustín Izquierdo Sánchez,Tesis doctoral dirigida por José Luis López Aranguren. Universidad Complutense de Madrid (1992).], filósofo sobre el que ha publicado varios ensayos, además de prologar varias de sus ediciones en esta colección.

Ha traducido y prologado obras de Descartes, Stuart Mill, Schopenhauer, Voltaire y La Mettrie a los que ha consagrado diversos artículos en *Revista de Occidente* o *Raíces*.

Entre sus publicaciones citamos:

—*Nietzsche y Unamuno: vida y saber*, Mare Nostrum, Madrid, 1992.

—*El resplandor de la apariencia: la teoría de la cultura en Nietzsche*, Ediciones Libertarias/Prodhufi, 1993.

—*Estética y teoría de las artes*, Friedrich Nietzsche, Tecnos, Madrid, 1999. Prólogo, selección y traducción.

—*Friedrich Nietzsche o El experimento de la vida*, Edaf, Madrid, 2001.

—*El concepto de cultura en Nietzsche*, Universidad Complutense, Madrid, 2001.

—*La filosofía contra la religión: ideas sobre el ateísmo*, Edaf, Madrid, 2003.

—*Ateos clandestinos*, Valdemar, Madrid, 2003.